自信がない・考えるのが苦手・傷つきやすい

「心が強い子」に育つ100の質問

NPO法人 日本心理コミュニケーション協会 代表
中野日出美

大和出版

はじめに
人生を生き抜くうえで一番大切なもの

本書を手にとっていただき、ありがとうございます。

この数年間は、私にとって、いいえ、現代の人類にとって、かつてない大混乱の時期でした。

新型コロナウイルスは、たくさんの人から、たくさんのものを奪っていきました。

命も、大切な存在も、仕事も、チャンスも、可能性も。

しかし、そんな状況の中でも、たくましく生き抜いてきた人たちがたくさんいたのも事実です。

まさに、ピンチをチャンスにさえ変えた人たちもいました。

私たちは、子どものころから、学校や家庭で、よりよく生きるための方法を学んできました。

すべての教科がそうであったでしょうし、家庭でのしつけやルールも、そのためにあったはずです。

しかし――。

失敗した後にどう立ち直るか？

何度失敗しても、チャレンジを続ける心はどうやったら育めるか？

自分や自分以外の人をどう大切にするか？

自分らしい人生を送るために、どのように自分の心に燃料を投下し続けるか？


こうしたことについては教わってきませんでした。

ようやく落ち着きを取り戻したかのように見える世の中ですが、またいつ、予想だにしない事態が訪れるかということについては、誰もわかりません。

そもそも、人生はつねに挑戦と失敗、挫折からの立ち直りの連続です。

そう、これからの未来を担う子どもたちには、学歴や経済力だけではなく、どんな事態が起きても再び立ち上がれる「強い心」が必要となるのです。

とはいえ、心を鍛えるのは、なかなか難しいもの。

なぜならば、心を鍛えるためには、心に働きかける必要があるからです。

私は、25年にわたり、心、それも**「潜在意識」**という心の深い部分を扱う心理セラピストとして、３５００人以上の方の人生や心を変容させてきました。

そこで今回、その経験を最大限に活かして、お子さんの心を強く、たくましいものに育むお手伝いをさせていただこうと決心しました。

ちなみに子どもへの働きかけというと、よく見かけるのが「お子さんには、こんな声かけをしましょう」といったメッセージがたくさん入った本です。

たしかに、何もしないよりは、日々、声かけをしていったほうがいいでしょう。

しかし、**「子どもの心に本当の意味で働きかけるためには、ただの声かけでは弱い」**というのが私の考えです。

では、どうすれば子どもの抵抗を生まず、かつすんなりと最高の形で子どもの心を鍛えることができるのでしょうか？

その答えは、ズバリ「質問」です。

声かけよりも、質問のほうがはるかに効果的なのです。

その理由については序章で詳しくお伝えするとして、本書では、この「質問」というテクニックを使って、お子さんの心の深い部分に働きかけ、さまざまな力を鍛えていきます。

ここで、ほんの少しですが、私の潜在意識に働きかける心理療法を受けられた方々の**「喜びの声」**をご紹介しましょう。

☆娘は勉強をせず、息子は不登校。ついイライラして怒ってばかりで、子どもたちと心の距離ができていました。中野先生からいくつもアドバイスをいただいた中で、「こんな質問をしてみてください」と教えていただいた質問を毎日していたら、娘は「将来、児童心理師になりたい」と言い出して自分から勉強し出しました。息子は3カ月後、少しずつ登校し始めるようになりました（小6女子、小4男子のお母さん・OMさん）

☆娘は同級生の女子たちからいじめを受けていました。かろうじて登校はしていましたが、担任に相談してもラチがあかず、娘が不憫でたまらない毎日でした。中野先生に子育てカウンセリングを受けたところ、娘のコミュニケーション下手にもいじめの原因があることに気づきました。そこから中野先生に教わった質問を試してみたところ、まず1人お友だちができ、それをきっかけにクラスの女子からいじめられなくなりました。「娘のコミュニケーション力が上がったおかげだろう」と主人と話しています（小5女子のお母さん・SYさん）

☆息子は成績もよく、学校でも問題はなかったのですが、だんだん勉強することを面倒くさがるようになり、サボることばかり考えているように見えました。先生からいただいたアドバイスどおり、10個ほどの質問を時々してみたら、息子は「将来、ゲーム制作者になりたい」と言い出しました。「そのために行きたい大学があるので勉強しなきゃ」と自分で言い出したので、びっくりしています（小4男子のお母さん・TAさん）

☆娘は、おとなしい性格で周りのお友だちからの言葉などに傷つきやすく、落ち込むことも多かったので心配していました。それが先生から聞いた質問を試していったところ、ある日、娘は嬉しそうに「友だちにNOと言えるようになったんだよ！」と言ってきたのです。同時に自信がついてきたようにも見えます（小2女子のお母さん・IOさん）

☆息子の口ぐせは「ま、いっか」。細かいことを気にしないのはいいのですが、成績が下がっても「ま、いっか」、何か問題が起こっても「ま、いっか」で、「こんな感じでは将来どうなっちゃうの」と心配していました。中野先生からは、「あまりとやかく言わず、自分から考える癖をつけさせましょう」といくつかアドバイスをいただきました。中でも、息子にしたいくつかの質問は、息子にとっても楽しいものであったらしく、親子で一緒に考える時間をもてました。今では息子の口ぐせは、「ま、いっか。〇〇すれば」に変わりました（小3男子のお母さん・MNさん）

いかがでしょう?

このように、どのお子さんも、親御さんからの質問に答えていくうちに、自然と「強い心」を育んでいっているのです。

本書では、私の長年の経験から、「心が強い子」にするためにとくに重要だと考えている6つの力を取り上げ、それぞれを確実に伸ばしていくうえで大変効果があった質問を100個ご用意いたしました。

1問ずつ進めていくたびに、きっと親子関係やお子さんの目の輝きが変わってくることに気づくはずです。

親にとって、子どもの痛み以上に、心を悩ませる問題はありません。

しかし、あまりにも親が頑張りすぎて、よけいに子どもを追いつめたり、その行動が裏目に出ているケースも多々あります。

親が子どものためを思い、話せば話すほど、子どもの心は離れていく——。

そんな事態にならないためにも、どうぞ本書をお役立てください。

NPO法人　日本心理コミュニケーション協会　代表　中野日出美

「心が強い子」に育つ100の質問

◎もくじ

はじめに　人生を生き抜くうえで一番大切なもの

序章

質問するだけで、人生に必要な6つの力が驚くほどアップ！

◎質問ページの裏ページには、こんな意図がある

第1章

自然と自分を大切にする力がつく! 自己肯定感を高める質問

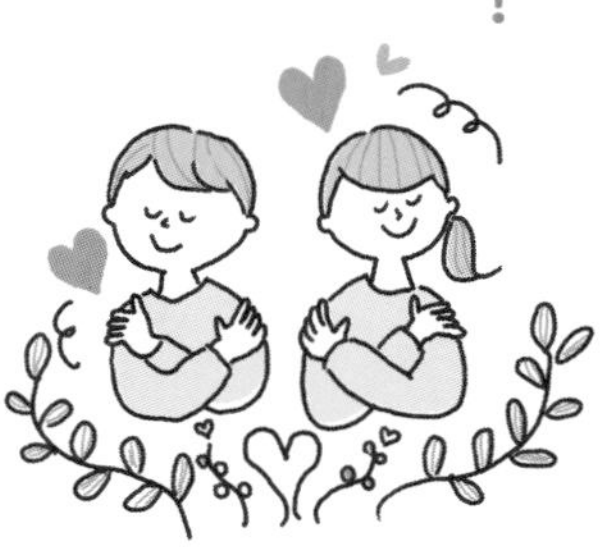

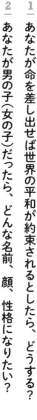

第2章

どんな困難も乗り越えられる！思考力を高める質問

第3章

思いやりのある人になれる！ 想像力を高める質問

第4章

能力を最大限に発揮できる！ モチベーションを高める質問

第5章 さまざまなストレスに強くなれる！ ユーモア力を高める質問

第6章

人間関係で困らない！コミュニケーション力を高める質問

本文デザイン 村﨑和寿
本文イラスト sayasans

序章

質問するだけで、人生に必要な6つの力が驚くほどアップ！

1 こんな時代だからこそ求められているものとは？

◎今、子どもたちの周りで何が起こっているのか？

現代の日本に生まれた子どもたちは、経済的に恵まれ、一定レベルの教育も受けられ、ほとんどの子が明日、食べるものに困らない生活を送っています。

その子が本気で望めば、努力次第ではなりたいものになれる――。

そんな幸福な時代に生まれたラッキーな子たちとも言えます。

ところが、その反面、いとも簡単に命を絶つ子や自分自身を傷つけずにはいられない子もたくさんいます。

また、不登校や引きこもりなどの社会的不適応や過敏性腸症候群、摂食障害、身体表現性障害など、心身の病気を抱える子どもも増えています。

豊かで平和な時代に生まれながらも、とても精神的に脆弱《ぜいじゃく》な子どもたち――。

その背景には、いったい何があるのでしょうか？

少子化が進み、親たちはわが子に愛情や関心を十分に注げるようになりました。

これは素晴らしいことではありますが、過度になると、親の過保護や過干渉、過度の期待という形になって表れます。

また、学歴社会で育った親たちが精神的に熟していないまま親になってしまい、親として十分に機能できていないという問題もありそうです。

中には、逆に親自身の自己実現を優先し、子どもへの愛情や世話が十分でないケースもあります。

過保護や過干渉、過度な期待、もしくはネグレクトの中で育った子どもたちは、ちょっとしたことで過度に傷つき、なかなか立ち直れない、弱い子になる可能性や、自分の心や身体を大切にできない子になる可能性があります。

過度に自分を愛しすぎて、周囲との摩擦を生んだり、自己肯定感の低さから、無意識に自分を傷つけるような人間関係を築いたりするかもしれません。

いずれにしても、**小さなことで心がポッキリと折れやすい子になってしまう恐れがある**ということなのです。

いくら偏差値の高い大学を卒業して、医師や弁護士、起業家になっても、心が弱いと社会の荒波の中で自分らしい人生の航海を続けることはできません。

実際に社会的ステータスが高い人たちが、心や身体のバランスを崩し、うつ病や適応障害、パニック障害などの病気になるケースも驚くほど増えています。

また、心理セラピストという私の職業上、職場や家庭での人間関係がうまくいかず、生きづらさを感じている人の割合が激増していることもひしひしと感じています。

そう、こんな状況だからこそ、自分らしい人生を、喜びを感じながら生き抜くためにも、学歴や資格、教養だけではなく、「強い心」を育む必要があるのです。

人生は、そもそもがでこぼこ道です。

子どものころは、子どもが歩く道を親が前もって整備してあげられますが、大人になってからは、自分の力で歩いていくしかありません。

人生のでこぼこ道には、たくさんの穴もあります。

転んだり、穴に落ちたりしながら、いち早く起き上がり、穴から這い出して、また歩き始める——。

そんな**「心の強さ」、つまり「レジリエンス（精神的回復力）」**こそを育む必要があるのです。

2 「心が強い子」を育むうえで必要な6つの力

◎親ができることには限度がある

どんなに心から愛していても、親はいつまでも子どもを助けてあげることはできません。私たち親の使命は、いつか子どもが親の元を去ったときに、社会の一員として生きていけるような力を子どもの中に育んであげることです。

そして、いつか親が死んでも、自分の人生をたくましく生き抜ける人間にすることです。

では、たくましく自分の人生を生き抜ける**「心が強い子」**にするためには、どんな力が必要なのでしょうか？

①自己肯定感

まず、自分の心や身体を大切にし、自分を愛せる力、つまり**「自己肯定感」**が必要です。

これがなければ、どんなに成功したとしても、自分を認めることができず、一生、「まだまだ足りない」と駆り立てられるように自分を追いつめて生きることになります。

また、人生には失敗がつきものです。自己肯定感は、自分を信じる力でもあります。

何度失敗しても、自分を信じてさえいれば、成功するまで何度でもチャレンジできます。

②思考力

失敗から立ち直り、次に向かうためには、たくさんの選択肢が必要です。

そして、その選択肢をたくさんもつうえで大いに頼りになるのが**「思考力」**です。

思考力とは、多角的な視点から縦横無尽に思考を広げ、あらゆる可能性を探り、答えを導き出す力のこと。この力があれば、どんな逆境からでも、人は立ち上がっていけます。

③想像力

人と上手につき合っていくためには、相手を慮る力、つまり**「想像力」**が欠かせません。

また、広い視野であらゆる可能性を模索するうえでも、「想像力」が必要となります。

凝り固まった既存の狭い領域では、大きな問題を突破することはできませんし、人と同様のアイデアしか生み出すことができません。

自分が体験したことだけではなく、自分以外の人の体験や心の内を想像することによって、過去の歴史から学び、反省し、まだ見ぬ未来に何が必要なのかをいち早くキャッチできる力は、どの職業に就いても、重宝され、必要とされるでしょう。

④モチベーション

どんなにいろいろな力をもっていたとしても、その力を発揮できなければ意味がありません。つまり、自分を動かす燃料が必要となります。

そして、その自分を動かす燃料が**「モチベーション」**です。

大げさな言い方のように感じられますが、これは**「生きる意味」**のことでもあります。

私は職業柄、医師や弁護士など社会的ステータスの高い人たちが、人生半ばでバーンアウトしてしまう例をたくさん知っています。彼らは一生懸命努力し、成功をつかんだ人たちですが、生きる意味や目標を見失ってしまったのです。満たされた自分らしい人生を生きるためには、モチベーションとなる自分を動かす燃料が必要となります。

⑤ユーモア力

ユーモアは人間だけがもつ、高度な能力です。

大きな失敗をしたとき、人生で挫折したとき、大切なものを喪失したときというのは、もちろん大いに悲しみ、ときには反省すべきこともあるでしょう。

しかし、いつまでもそこにとらわれているわけにはいきません。ちょっとだけ視点を変えて、面白おかしいオチをつけて、クスっと笑って、「よっしゃ！　次に行こうか！」と言える力、すなわち**「ユーモア力」**は人生を生きるうえで不可欠な力なのです。

⑥コミュニケーション力

最後に絶対的に必要になるのが、**「コミュニケーション力」**です。

私たちが幸せに生きるためには、良好な人間関係がどうしても必要となります。

職場で、家庭で温かく親密な人間関係を築ける力は、そのまま、たくましく幸せに生きる力となります。

以上が、「心が強い子」に育てるうえで必要な6つの力です。

これらは、**私が3500人以上のセラピーをしてきた中で、とくに重要だと感じたもの**でもありますし、実際、この6つの力を高めたことで、どのお子さんもその後、充実した人生を歩んでいます。

ぜひ、この本を通して、あなたのお子さんにも6つの力を身につけさせてあげてください。

3 なぜ、質問には大きな効果があるの？

◎人は「暗示」に影響を受けやすい

本書は、お子さんを「心が強い子」にするうえで必要な6つの力を育むための本です。

では、どうすれば6つの力を育んでいくことができるのでしょう？

その答えは、ズバリ「質問」です。

「え？　質問しただけで、そんな力が身につくわけないでしょ？」と思われたかもしれませんね。

でも、違います。

私は25年にわたり、潜在意識を扱う心理セラピストとして、また心理セラピストを養成する講師として活動してきました。

その中で私は、人の人生を形成するのは、私たちの中に組み込まれている感情や思考、行動パターンであると知りました。

そして、その感情、思考、行動パターンをつくっているのが**「潜在意識」**です。

ちなみに、その潜在意識に働きかける力を**「暗示」**と言います。

ここで、暗示の例を1つご紹介しましょう。

私のクライアントAさんは、どうしてもお酒をやめることができませんでした。

Aさんは医師や周りの人たちから、「お酒は身体に悪いから、やめなきゃだめだよ」と再三にわたり、言われていました。

もちろん、Aさんも、頭では「お酒をやめなければいけない」とわかっていました。

しかし、何年もやめることができずにいたのです。

そこで、ある日、私は次のような話をしました。

「以前、私のクライアントBさんは、なかなかタバコがやめられなくて、とうとう肺水腫にまでなってしまいました。

それでも長年の喫煙習慣を手放すことはできなかったんですね。

それからさらに数年がたち、彼はかなり進行した肺がんになってしまいました。

そして、何とか娘さんの結婚式までは生き延びることが目標となりました。

もちろん、そのときの彼の頭には、もはや禁煙などという言葉はありませんでした。

肺がんの告知を受けたその日から、何十年にわたる喫煙をぴたっとやめられたのです」

Aさんは、「へえ……」とだけ言って帰られました。

ところが——。なんとその日からAさんのお酒の量が自然と減り始めたのです。

なぜ、そんなことが起きたのでしょう?

そう、これこそがまさに「暗示」の効果なのです。

「お酒をやめなさい」というのは明示。

それに対して、「喫煙という悪習慣が招いた最悪の事態の話」が暗示です。

このように、人というのは、明示よりも暗示のほうに強く影響を受けるのです。

明示は「〇〇しなさい」と直接的に指示するので、相手は抵抗しやすくなります。

一方、暗示は間接的な指示なので、相手は抵抗なく、自然に受け入れます。

そして、潜在意識レベルで、自分の体験に結びつけ、勝手によりよい方向へと向かいやすくなります。

つまり、人を動かす力は絶対的に暗示のほうが強いということなのです。

◎100の質問が、子どもの人生を大きく変える!

さて、このように暗示には大きな効果があるのですが、この本では**「質問」**という暗示を使います。

なぜなら、人の意識というものは、質問されたほうに向くものだからです。

実際、私の心理療法では、テクニックの1つとして質問をよく使っています。

ここでごく簡単ではありますが、そのメカニズムを説明することにしましょう。

人は質問をされると、潜在意識に「空白」、すなわち「わからない部分」が生まれます。

そして、脳の中に空白ができると不安に感じます。

するとどうなるかというと、その不安を解消するために、懸命に空白を埋めようとするのです。

つまり、その答えを探すためのアンテナが張り巡らされるというわけですね。

この本では、質問をすることで、あえてお子さんの潜在意識の中に空白をつくり、答えに対するアンテナを張り巡らせるようにしていきます。

たとえば、お子さんに「もっと勉強しなさい」と言いたくなるときがありますよね？

でも、なかなか言うことをきいてくれない。

そんなときに、お子さんがよく知っている、普通以上に勉強して成功したり、社会に貢献した人を例に出して、「どうして○○さんは、あんなに勉強したんだろうねえ？　遊んでいたほうが楽しかっただろうに」などと、まるで独り言のように問いかけてみるのです。

こう問いかけてみると、どうなるか？

お子さんは、勝手に〇〇さんが普通以上に勉強したかった理由を考え出すのです。

そして、いつの間にか、それを自分にも当てはめて考えるようになります。

いくらお子さんの将来のためを思って、真剣に話しかけても、お説教をしても、お子さんは頭では何となく理解しますが、心までには響きません。

また、年齢が上がるにつれ、親に対し反発したくなる気持ちも大きくなります。

しかし、一見、何の関係もない質問に対しては、ガードが緩まり、あれやこれやと答えを探し出し、自分なりの答えを導き出すのです。

すると、それは誰かに言われたり、強要されたりしたものではなく、自分自身が出した答えなので、自然と自分を動かす力となります。

いかがでしょうか？　ただの声かけやお説教よりも、質問のほうがずっと効果的だとおわかりいただけましたでしょうか？

繰り返しになりますが、この本では、「質問」によって、お子さんが自分らしい人生を選び、自分の力でたくましく、幸せに生き抜くために必要な6つの力を育んでいきます。

その数は、じつに100問。

しかも、これまでに私が実際に使ってみて効果があったものを厳選しました。

必ずお役に立てるものと確信しています。

4 わが子に質問をするときのコツと上手な進め方

◎成功の秘訣は「親子で楽しく」

先にお話ししたように、この本は1～100までの質問があります。

1から順に始めてもいいですし、パラパラとめくって、興味を引いた質問から取り組んでみても大丈夫です。

親御さんもお子さんもあまり忙しいときではなく、どちらかというと、心に余裕があるときのほうが効果的です。

しかし、なかなかお子さんと楽しむ時間がとれない場合は、あえて毎日、夕食の時間にするとか、おやつタイム、またはお母さんが晩ご飯の支度をしながら、お子さんとの質問タイムを楽しむ時間にするのも、親子の絆を深めるのには有効です。

さて、ここで質問をするときのポイントについて、具体的に説明していきたいと思います。

まず、非常に重要な注意点としては、**お子さんの答えに対して、批判したり、批評したり、または否定するような表情や素振りを絶対に見せてはいけない**、ということ。

そうすると、子どもは親の顔色を見ながら、親が納得する答えを探したり、親が不快に思う答えを避けようとします。

そんなことでは、とうてい楽しめませんし、この本の目的である、6つの力を育むこともできません。

何よりも、お子さんが自由に伸び伸びと答えられる雰囲気をつくることが大切です。

そのために最も有効な方法は、**親も一緒に真剣に考えて、楽しむ姿を見せる**ことです。

親が楽しそうにしていると、子どもは嬉しいもの。

だから、質問タイムを義務にするのではなく、親子のお楽しみタイムにするように心がけましょう。

また、**答えはいくつ出してもかまわないし、後で変えてもかまいません。**

お子さんが答えに困っていたら、親御さんが先に答えて、答え方の例を示してあげるといいでしょう。

1つの質問が終わっても、**「じゃあ、たとえば○○だったらどう？」**などと、ちょっと質問の条件を変えていくと、さらに効果的です。

お子さんが質問に答えたら、必ず**何かしらのリアクション**をしてあげてください。

それがたとえ、親として気にいらないものであったとしてもです。

どんな答えであっても、**「へえー！」「すごいな」「よくそんなことを考えたね」「うわあ、そんな方法もあったか」「えーっ、びっくり！」**などと、お子さんの答えに興味をもっていることを示してください。

そうすることによって、お子さんは、**「自分自身の考えは間違っていない」「認められている」**と感じます。

ただし、あまりにも褒めちぎったり、どんな答えにも簡単に同意したりすると、お子さんは不自然に感じるでしょう。

だから、基本的にはお互いに本音である必要があります。

ただし、何度も言いますが、本音であるからといって、お子さんの出した答えを、ちょっとでも否定するのはNG。

雰囲気が悪くならないように気をつけましょう。

5

この本の効果的な使い方

◎質問ページの裏ページには、こんな意図がある

何度もお伝えしているように、この本には100の質問をご用意してあります。

100の質問には、それぞれ次ページに**「質問の意図と望ましい対応」「ポイント」**を掲載しています。

まず、「質問の意図と望ましい対応」には、それぞれの質問に対する説明、お子さんや親御さんの答えを想定した事例、さらにはよりいっそう質問の効果を上げるヒントなどを提示しました。

お子さんが質問に対して、すぐには答えられないときなどには、まずは親御さんが、**「お父さんなら……」「お母さんだったら……」**というふうに例示してあげると、お子さんの答えの呼び水になります。

そこで、この本では可能なかぎり、そうした親御さんのセリフも入れてあります。

また、「ポイント」には、その質問をするうえで親が考えておきたい本質的な内容などをまとめてみました。

100個の質問にそれぞれ添付されているこのページに書いたことには、**「親御さんに、子どもよりも俯瞰《ふかん》した視点や柔軟性をもっていただきたい」**という意図もあります。

繰り返しになりますが、子どもが自分の人生を自分らしく、幸せに生きるためには、**「強い心」**が必要です。そのためには、「自己肯定感」「思考力」「想像力」「モチベーション」「ユーモア力」「コミュニケーション力」を身につけなければなりません。

しかし、子どもを育てる立場の親自身に、そもそもその力が足りなければ、子どもにそれを授けることは難しいでしょう。

そういう意味でも、この「質問の意図と望ましい対応」「ポイント」のページは、必ず親御さんのお役に立てるはずです。

さて、いろいろ小難しい話をしてきましたが、いよいよ実践です。

1つの質問に対する答えを一緒に考えるだけでも、親子の絆は深まります。

さあ、準備はよろしいですか？

それでは、どうぞ第1章以降へとお進みください。

第1章

自然と自分を大切にする力がつく！自己肯定感を高める質問

なぜ、自己肯定感が必要なの？

最近、よく耳にする**「自己肯定感」**――。

これは、自分の悪い点や反省すべきところをいっさい気にせず、自信過剰になるということではありません。

基本的には、**自分の存在価値そのものを肯定する力**です。

それがあるからこそ、素直に自分の悪い点を受け入れ、反省することができます。

たとえ、誰かにひどいことを言われたとしても、自分自身がそうではないと知っていれば傷つくこともありません。

その一方で一見、自信満々に思える人が、じつは自己肯定感の低さから、過剰に自信があるように見せかけているということはよくあります。そして、自分以外の人を批判することによって、自分を上にもち上げるというのもよくある話です。

本当の意味で自己肯定感が高い人は、自分だけではなく他人も認めることができます。

いわば、「I am OK, You are OK」の立場でいられる人です。

このような人は、基本的に乳幼児期から幼少期にかけて、親との間に特別な心の絆、つまり安定した**「愛着」**が形成された人とも言えます。

親との間に安定した愛着が形成されると、子どもは親を**「安全基地」**とし、果敢に新しい世界でチャレンジをするようになります。

そして何か傷つくようなことが起こったり、疲れたりしたときでも、安全基地に戻り、充電することで、再びチャンレンジを始めることができるのです。

しかし、親との間に安定した愛着が形成されない場合には、安全基地がありません。そのため、外の世界でチャレンジすることを恐れたり、傷ついた体験から、なかなか立ち直れないということが起こります。

いずれにしても、赤ん坊から子ども時代に、親から適切な愛情と関心を傾けられると、自然と**「無条件に自分は大切な存在である」**という感覚が生まれます。

逆に、親からの愛情や関心、反応が不十分であると、「自分には大した価値がない。大切な存在ではない」という感覚が生まれます。

これが基本的な自己肯定感の正体です。

一般的な愛着理論では、およそ1歳半から2歳くらいまでの間に基本的な愛着のスタイルが決まるとされています。しかし、私は25年間におよぶ、潜在意識を扱う心理セラピストの活動の中で、**愛着スタイルというものは、影響力こそ違えども、2歳から12、13歳ま**

での間の親との関係性や親の生き方に影響を受けると確信しています。

自己肯定感が高いと、自分だけではなく他者の存在価値も認められるので、他者とむやみに争ったり、愛情や承認の奪い合いをする必要がありません。

また、自分自身も他者も、大切にすることができます。

自分の心や身体を大切に守りますし、他者を傷つけることもありません。

だから、**将来、社会に出ても、家庭や仕事での人間関係はとても親密で温かいものになり、他者からの協力も得やすく、成功しやすい人間になる**のです。

逆に、自己肯定感が低いと、自分も他者も大切にすることができず、愛情や承認の奪い合いをしてしまいます。知らず知らずのうちに、自分を傷つけるような人とつき合うことも多くあります。

自信がないので、初めから挑戦しない。ちょっとしたことですぐ傷つき、立ち直れない。場合によっては、無意識に心や身体の病気になるような行動を選んでしまいます。

自傷行為や摂食障害、非行行動、犯罪、異性との共依存関係など、**自己肯定感の低さが招く問題は多々あります**。

この章では、質問に対する答えを求めるうちに、自然と自分を愛し、大切にするようになる自己肯定感の種をまいていくことにしましょう。

「心が強い子」に
育つ質問
1

自己肯定感

あなたが命を差し出せば世界の平和が約束されるとしたら、どうする？

質問の意図と望ましい対応

この質問は「世界中が平和になるならば、自分を犠牲にできますか?」という、かなり極端な質問ですよね。

2022年、ロシアのウクライナ侵攻があり、この原稿を書いている今もウクライナでは、たくさんの人々が苦しんでいます(2023年9月現在)。また、大切なご家族を爆撃などで亡くされた方もたくさんいます。この質問をするときには、そんな現状もお子さんの年齢に応じて話してあげるといいかと思います。

予想される答えとしては、「ムリに決まってるじゃん! 死ぬの嫌だもん」。まあ、当たり前ですよね。こんな答えに対しては、**「そうだよねえ。さすがに命までは差し出せないよね。じゃあ、何なら提供できると思う?」**などと、質問を広げていくといいでしょう。

あるいは、「私1人が死ねば、戦争がなくなるなら、いいかも」と答えるお子さんもいるかもしれません。親にとっては、ぎくっとする答えですね。その場合は、**「そうなの? でも、〇〇ちゃんが死んだら、お父さんとお母さんは不幸になるけれど?」**などと返して、あらためて本人の存在価値の大きさに気づかせてあげてください。

ポイント 1

自己犠牲という考えを美しいと捉えるか? 自分を最優先にするのが当然だと考えるか? どんな答えを出しても、「なるほど」と深く受け止めてあげましょう

「心が強い子」に
育つ質問

2

自己肯定感

あなたが男の子(女の子)だったら、どんな名前、顔、性格になりたい?

質問の意図と望ましい対応

現代では、ＬＧＢＴＱ（性的マイノリティ）に関する認知度が日に日に広がり、男らしく、女らしく、というジェンダー意識が問題視されています。

私は、心理セラピストとして、これまで多くの性的マイノリティの方のセラピーをしてきました。

その中でよくわかったことは、どの方も、**「子ども時代、誰よりも親にありのままの自分自身を認めてもらいたかった」**という思いをもっていたことです。

この質問で、「えー！　女なんかになりたくないよ」「男子なんかキモイ」などという言葉がお子さんから出たら、**「どうして？　女の子（男の子）だって同じくらい楽しいことがいっぱいあるよ」**などと、どちらの性の素晴らしさも認めてあげてください。

そして、**「お母さんが男性だったら、顔はアイドルの○○みたいで、名前はリチャードとかで、背は１８０センチくらいで、性格は優しくて、すっごく女の子にモテるんだけど、女の子よりもサッカーが好きで……」**など、自分の考えを自由に正直に語って、お子さんが答えやすくしてあげてみてはどうでしょう？

ポイント 2

男女関係なく、自認している性を楽しめることが大切。親はどちらかの性に肩入れせず、しかし、自分の正直な感想も語ってあげてください

「心が強い子」に育つ質問

3

自己肯定感

大人になって子どもができたら、どんなお父さん(お母さん)になりたい?

質問の意図と望ましい対応

この質問は、場合によっては親にとって耳の痛い答えが返ってきそうですね。

しかし、この質問によって、**子どもの親への思い**が少しわかるかもしれません。

たとえば、「お母さん（お父さん）みたいになりたい！」という嬉しい答えが返ってきた場合、子どもの年齢によっては、親に気を遣っている可能性もあります。

その気遣いは、もしかすると、親自身の低い自己肯定感に子どもが気づいており、無意識にいつも親をケアしようとしているためなのかもしれません。

または、過度に親を理想化している可能性もあります。

「うーん……。優しくて、何でも買ってあげて、何をしても怒らない。そんな親になる！」などというような、思わず笑ってしまう答えも返ってきそうです。それに対して、「何を言ってんの！」などと怒ったりせず、**「そう？　そんなに甘やかしていたら、子どもはどんな子になるかな？」**などと、さらに考えさせてみるといいでしょう。

あるいは、「悪いことをしたら、子どもにちゃんと謝れる親になりたい」などという答えが戻ってきたら、親として反省する機会をもらえたということなのかもしれませんね。

ポイント 3

子どもは自分が親という立場に立ったとき、自分にとって必要なこと、また、今の自分が親から与えてほしいものに思いを馳せます

「心が強い子」に
育つ質問

4

自己肯定感

誰にも知られずに、こっそり誰かを痛めつけられるとしたら、誰にする？

質問の意図と望ましい対応

子どもの年齢によっては、いじめ問題などが発覚する可能性もありそうですね。しかし、少し年齢が上のお子さんは、たいていは自分がいじめられていることを親に知られたくありません。だから、**この質問をした直後のお子さんの表情や態度に注意を払ってみてください。**

動揺している様子や口ごもる、もしくは過度に明るく振る舞うなど、不自然な様子が見られたら、「どうしたの？　あなた、まさかいじめられているんじゃないでしょうね？」などと無神経な反応をしてはいけません。**「お母さん（お父さん）だったら、小学校時代にすごく嫌なことを言われたあいつだな」**などと、本音で自分のことを話してあげてください。すると、子どもは「親にもそんな弱いところがあったのか」と安心し、もしかすると、心の内を話し出すかもしれません。

「痛めつけたい人なんていない」と子どもが答えたら、**「そうなの？　でも、痛めつけたいまではいかなくても、ちょっとだけこらしめてやりたい人って誰にでもいるんじゃない？　ママはいるけどなあ」**などと、冗談めかして話しやすい雰囲気をつくるのもいいでしょう。

ポイント4

子どもはいじめを受けると自己肯定感が下がりますし、自己肯定感の低い子どもは誰かをいじめるという、いびつな行動に出るときがあります

「心が強い子」に
育つ質問

5

自己肯定感

40歳になったとき、あなたが食べるものも満足に買えないほど貧乏だったら、どうする？

質問の意図と望ましい対応

一見、豊かな国に見える日本でも、実際には親の貧困により、ご飯を満足に食べられない子どもがたくさんいるのも事実。

この質問を通して、**将来、自立したときにお金を稼ぐことの大切さや、貧しさがもたらす問題**などについて考えさせたいところです。

さらには、お子さんの年齢によっては、「自分さえ豊かになればいい」という思考から、**「周囲の人たち、さらには社会全体が豊かになるためにはどうしたらいいのか？」**という思考にまで広げられるとベストです。

貧しさは自己肯定感を下げます。

と同時に、自己肯定感の低さゆえに貧しくなる可能性も高まります。

将来、親の力をあてにせず、自力で経済的豊かさを手に入れるためには、お金の大切さと、現実的にお金を稼ぎ出すための意欲や知恵を身につけさせたいですね。

「ママも、小学生のときにもっと勉強しておけばよかったなあ」などというつぶやきも効果的かもしれません。

ポイント 5

親からの「お金は汚い」「お金持ちは悪いことをしている」などという根拠のないメッセージは、子どもの心に〝貧しさの種〟を植えつけてしまいがちです

「心が強い子」に
育つ質問

6

自己肯定感

生まれ変わったら、どんな国のどんな自分になりたい？

大人でも、一度は考えたことのあるテーマかもしれませんね。

この質問は、**他の国の文化や政治情勢について知ろうとする好奇心を刺激します。**

また、この質問をすることで、生まれ変わった後ではなく、**「この人生で自己実現するにはどうすればいいだろうか？」**という発想の芽も植えつけたいところです。

「イギリスのロイヤルファミリーの一員に生まれ変わって、お姫様になりたい」「韓国人になって、大好きなＫ－ＰＯＰのアイドルグループに入りたい」など、さまざまな答えが出そうです。

「うーん、どんな国があるのかわからない」というお子さんも多いかもしれません。

そんなときは、日本にとってなじみのある国を教えてあげたり、日本とは違う共産圏の国のことを教えてあげると勉強になりますし、別の視点で考えることができます。

どんな国のどんな身分に生まれ、どんな職業に就けば、自由に自分らしく生きられるのか？　また、その逆はどうなのか？

そんなことを子どもに考えさせる質問です。

ポイント 6

「生まれ変わらなかったとしても、自分はまだ子どもなんだし、この日本ならば、どんな自分にでもなれるんだ」ということに気づかせましょう

「心が強い子」に
育つ質問

7

自己肯定感

神様があなたに1つだけ何かの才能をプレゼントしてくれるとしたら、どんな才能が欲しい？

質問の意図と望ましい対応

この質問もまた、親子で楽しめる質問です。

「勉強しなくても、いつも100点がとれる才能！」「メジャーリーグで活躍できるくらいの野球の才能！」「映画やドラマ化されるくらい、すごいヒット作を描ける漫画の才能！」などなど、考えるだけで楽しめますね。

ときには、現実にはありえない「魔法を使える才能」などと答える場合もあるかもしれません。そんなときは、**「じゃあ、その魔法で何をしたいの？」**とお子さんの真の望みを掘り下げてみるといいでしょう。

なかなか思い浮かばないお子さんには、お母さん（お父さん）から先に、**「お母さんだったら、〝微笑みかけるだけで、誰からでも好きになってもらえる才能〟がいいかなあ」**などと、面白い例を提示してあげてください。

この質問でもやはり、**「神様からはプレゼントしてもらえなくても、自分の力で何とか手に入れることはできないものか？」**と思考を広げていきたいものです。そのためにも、ワクワクして、何としても手に入れたくなるような気持ちにさせたいですね。

ポイント 7

生まれもった才能がなくても、大きな目標をもち、努力を少しずつ積み重ねることで手に入れられる能力がたくさんあることを示唆してあげましょう

「心が強い子」に
育つ質問
8

自己肯定感

誰でも1人だけ、あなたのことを大好きになってもらえる薬があるとしたら、誰にその薬を飲んでもらいたい？

質問の意図と望ましい対応

まだ小さなお子さんでしたら、「パパ!」「お母さんだよ」などと、嬉しい答えをくれるかもしれませんね。一方、小学校高学年以降からは、本音ではそう思っていたとしても、正直に「親に大好きになってもらいたい」とは言ってくれないかもしれません。

しかし、**愛着形成に問題があった場合、年齢層が高いほど、本音では「親に愛してもらいたい」という思いが強い**場合もあります。現に私自身、小学校の高学年のころには、「母に愛してもらいたい」という気持ちをはっきりもっていました。

この質問をした後、親は**「もちろん、お母さん(お父さん)だよね? お母さんも、もっと〇〇ちゃんに大好きになってもらいたいもの。でも、今回はそれ以外の人でお願いしまーす!」**などと、あえて冗談めかして言ってあげてもいいかと思います。

そうすることによって、**「お母さん(お父さん)とあなたの関係は、当たり前だけどお互いに大好き同士だよ」**と暗に伝えることができます。

「誰もいない」「担任の〇〇先生」「〇〇ちゃん」などと答えた場合には、**「へえー。どうして?」**などと話を深めてあげてください。

ポイント 8

年齢の高いお子さんは、意中の人を思い浮かべるかもしれませんが、親には言ってこないはず。あえて放っておくもよし。関係性によっては促すもよし

「心が強い子」に
育つ質問

9

自己肯定感

あなたは不治の病にかかってしまいました。
このままでは、あと3カ月で死んでしまいます。
現代の医学では治す方法がありません。でも、
あなたの身体を300年間、冷凍して保存することが
できます。未来ではあなたの病気を治す方法が
見つかっているかもしれません。
あなたなら、どうする？

いわゆるコールドスリープは、ＳＦ映画などのテーマになったり、最近では実際に外国で不治の病の子の冷凍保存に踏み切った両親が話題になりました。

現代の医学ではどうにもならないのならば、未来の医学に賭けてみたい。しかし、本当に３００年後に目覚めるのか保証はない。コールドスリープに入るのならば、病状が進まないことを考え、できるだけ早いほうがいい。でも、そうなると家族と一緒に過ごす時間が減ってしまう。３００年後に目覚めて病気が治ったとしても、家族はすでに死んでいて、周りは知らない人ばかり……などなど、考えなければならない問題が山積です。

また、**「親が不治の病で、同じ選択を迫られたらどうするか？」「子どもの立場からは親にどんな選択をしてもらいたいか？」**という立場を逆転した場合についても一緒に考えてみるといいでしょう。

そうすることによって、あらためて親からの愛情を感じたり、自分や家族の命、人生における優先順位を強く意識することでしょう。

ポイント 9

自分の命や人生について考えることで、健康のありがたみや、大切な存在たちと過ごせることが当たり前ではないことを実感させましょう

「心が強い子」に
育つ質問
10

自己肯定感

絶対に病気にも虫歯にもならずに100歳まで元気に生きられることを約束されたチューブの食べ物があります。

チューブの味は、バニラ、チョコ、イチゴ味から1つ選べます。

でも、一度それを選んだら、他の食べ物や飲み物はいっさい口にすることはできません。

今日中に決断しなければなりません。

あなたなら、どうする？

質問の意図と望ましい対応

これは、**食習慣と健康について考えさせる質問**です。人生100年時代と言われていますが、健康寿命（健康上の問題で日常生活が制限されることなく生活できる期間）は男性72・68歳、女性75・38歳（2022年版「高齢社会白書」）です。そして平均寿命は高くなれども、あくまで個人差があるものです。食生活と寿命には密接な関係があります。この質問はあまりにも極端ではありますが、誰でも**「健康に長生きしたい。でも、美味しいものも食べたい」**と思うもの。健康を維持するには、管理も大切ではありますが、食べる喜びも味わうことで人生は豊かになります。病気になってからしかたなくコントロールするのは大変ですが、子ども時代から少しずつ、食べる喜びとともに健康管理も考える習慣をつけておけば、人生のもち時間を延ばす生き方ができます。

「チューブを選ばずに、できるだけ健康に長生きできる食べ方ってないのかなあ」と少しでもお子さんが考え始めるような会話にもっていきたいところですね。

ポイント 10

心と同時に身体もいたわれる子に育てるためにも、親自身が見本となり、食を楽しみながらも、栄養バランスに気をつける生活を心がけましょう

「心が強い子」に
育つ質問
11

自己肯定感

あなたの身体のどこか1カ所だけ変えられるとしたら、どこをどう変える?

質問の意図と望ましい対応

現代では、容姿にこだわる傾向が強くなり、「痩せていなければ美しくない」「二重瞼でなければかわいくない」と思い込んでいる女の子が増えています。

さらには、女の子だけではなく、男の子も容姿にこだわるようになってきました。

美しいことは悪いことではありませんが、摂食障害や整形依存、自分の容姿に対する不必要な劣等感からくるさまざまな問題を抱えている人が年々増えているように感じます。

「たった1つだけ?」とか「顔全部」などと答えてきたら、**「どうして? どこをもっと変えたいの?」**とさらに考えることを促したり、**「すごくいい顔しているし、ママは○○の顔、すごく好きだけどなあ」**とこの質問に乗じて、自信をもたせてあげましょう。

ポイントは、美しくなることや子どもの理想をいたずらに否定しないことです。

理想どおりの自分になることは、決して悪いことではありません。

問題なのは、ありのままの自分に対する劣等感から、無理なダイエットや整形、運動などに走ることです。ただし、子どもに自信をもってもらいたいあまり、「あなたは今のままで十分に完璧よ!」などと励ますと、かえって白々しい感じになりますのでご注意を。

ポイント 11

年をとればとるほど、見た目よりも能力や実績という中身が重要視されてきます。そんなこともさらっと教えてあげましょう

「心が強い子」に
育つ質問

12

自己肯定感

無人島でたった1人で生きなければならなくなったあなたは、好きなものを3つだけもっていけます。あなたなら、何をもっていく?

この質問では、**無人島という隔絶された世界で生き延びるために、または、自分らしくいられるためには、自分には何が必要なのかを考えさせることを目的**としています。

その子によっては、「ナイフとライター、テント」など生き延びるための実用品を選ぶかもしれませんし、「家族の写真、大好きな漫画全集、集めてきたカード」など、自分が大切だと思っているものを選ぶかもしれません。

あるいは、現実的に生き抜く力の中には、**自分のメンタルをケアできるような方法**も含まれています。

いくらお金持ちの家に生まれて、容姿も学力も備わっていたとしても、幸せだと感じる力が欠けていたり、心が弱ければ、社会の中でたくましく生き延びることは難しくなります。

現実的な思考とともに**自分を喜ばせるもの、自分を動かす燃料**にも視点を向けられるような働きかけも必要ですね。

ポイント12

現代では、ただ生きるだけではなく、自分らしく、満足しながら生きることが幸福の必須条件。そのためにも、自分を満たすものを考えさせましょう

「心が強い子」に
育つ質問

13

自己肯定感

これから一生、
たった1つの音楽しか聴けない、
たった1つの本しか読めない、
たった1つの遊びしかできない
としたら、あなたは
それぞれ何を選ぶ？

自分の心を豊かにするために必要なものが何なのかを知っている人は、ストレスと上手につき合うことができます。

しかも、ストレスはネガティブな体験だけではなく、入学や昇進などポジティブな体験であっても感じるものです。**生きている以上、ストレスはどうしてもつきまとってくるもの。**

さらには、ストレスと病気の関係性はもう証明ずみです。どんなに成功していても、ストレスがたまり過ぎていては、病気になってしまい、元も子もありません。**ストレスに強い心をつくっていくとともに、ストレスを上手にリリースできる力も必要**なのです。

たとえば、「音楽は、絶対BTSの○○！　本は、BTSの写真集！　遊び？……、BTSのコンサートに行くこと！」――これだっていいわけです。自分が好きなものがはっきりしている証拠です。「音楽はあまり好きじゃないから、本を2冊でもいい？」などと聞いてくる子もいそうです。もちろん、それでもかまいませんが、あえてダメだと言って音楽を選ばせると、今後、音楽に意識が向くようになります。

ポイント13

ストレスを感じずに生きることは不可能。ストレスと上手につき合いながら生きていく方法を身につけさせることが肝心です

「心が強い子」に育つ質問

14

自己肯定感

将来、あなたが結婚するとき、家も車も別荘も何でも買ってくれるけれども、毎日、嫌なことを言ってくる人と、何も買ってくれないけれども、毎日、嬉しいことを言ってくれる人なら、どちらを選ぶ？

質問の意図と望ましい対応

これは、男の子と女の子で答えが分かれるかもしれませんね。

「男の子は将来、妻や子どもを養うべき」「女の子は力のある男性と結婚すべき」というジェンダー意識が強い家庭で育ったお子さんは、「えー、どうせ僕が何でも買ってやらなきゃいけないんだからさ、嬉しいことを言ってくれる人のほうがいいに決まってるじゃん」「嬉しいことを言ってもらっても、貧乏だったら幸せになれないから、何でも買ってくれる人がいいわ」などと答えるかもしれません。実際に、男性から暴力や嫌がらせを受けながらも、経済力がないから離婚できない女性は驚くほど多いものです。

まずは、男でも女でも、どちらかが何でも買ってくれる関係性というのは、不自然なことだと教えたいものです。

「でも、ママは自分で働いて、好きなものは自分の力で買いたいなあ。毎日、嫌なことを言われながら暮らすなんて、まっぴらごめんだなあ」「今は、夫も妻も同じように働いて協力する時代だぞ。男だけが苦労する必要はないよ。一緒にいて幸せだと感じる人がいいんじゃないか」など、男女差の意識を少しでもなくしてあげたいものです。

ポイント 14

男の子であれ女の子であれ、自分の心や身体を守るためにも、自分で稼げる子にしましょう

「心が強い子」に育つ質問

15

自己肯定感

今、あなたの身体の一部が、あなたに文句を言っているようです。さて、それは身体のどの部分？そして、いったい何と言っている？

自己肯定感の高い人は、自分の心も身体も大切にすることができます。

また、自分だけではなく他者の心も身体も大切にすることができます。

逆説的な考え方をすれば、自分の心や身体を大切にするような意識を育てることが重要だということですね。

この質問は、**「自分の身体の声」に耳を傾けさせるもの**です。

「ええー？　身体の一部が文句なんか言うわけないよ」などと言うかもしれませんね。

そうしたら、**「そんなことはないよ。心の中でお話ししてごらんよ。パパは……。そうだな……。うん、うん、うん……。何だか、肩が文句を言っている気がするよ。『疲れたよ、もっと休ませろ！』って感じかな」**などと、親が誘い水を向けてあげてください。

すると、意外にも「うーん……。じゃあ、お腹かなあ。『学校行くの疲れちゃったから、お腹が痛くなるんだよ』って……」など、意味深な答えが返ってくることもあります。

その場合は、**「うん、うん、そうだよね。じゃあ、お腹に、『どうしてほしい？』って聞いてごらん」**などと、さらに考えることを促してみてください。

ポイント 15

大人でも、自分の心や身体の声に耳を傾けることはとても大事。それこそが自分と仲よくなり、自己肯定感を上げる1つの方法です

「心が強い子」に
育つ質問
16

自己肯定感

あなたのことを一番悲しくさせる言葉は？あなたのことを一番嬉しくさせる言葉は？

これは、**「自分の心の声」に耳を傾けさせる質問**です。

本当の気持ちに気づき、適切に処理できることを学ばなければ、大人になってから、自分の本当の気持ちをごまかして、強がったり、逆に悲しんでみせたりすることになります。

そして、周囲の人を不用意に傷つけたり、誰かに依存したり、自分をいろいろな方法で傷つけるかもしれません。

「悲しくさせる言葉は……。『バカ』かな……」などという返答があれば、**「バカって誰が言うの？　あなたは自分のことをバカだと思うの？」**などと優しく問いかけてあげてください。「嬉しい言葉は、『すごいね』かなあ」などと答えたら、**「そうだよね、たしかに『〇〇は△△がすごいなあ』ってお父さんも思っていたよ」**とすぐさま、嬉しくなる言葉をかけてあげてください。

そして、悲しくさせる言葉を聞いて、反省させるべき点があれば、上手に反省を促してあげましょう。しかし、何の根拠もない言葉であれば、**「もし、誰かがそう言っても、実際の〇〇は違うんだから、気にしなくていいよ」**と言ってあげてください。

ポイント 16

誰に何を言われたとしても、自分自身が真実ではないと信じていたら傷つきません。自分のことを信じられる子どもに育てたいですね

「心が強い子」に育つ質問
17

自己肯定感

今、あなたが一番、「ありがとう」と「ごめんなさい」と言ってほしい人は誰？

「ありがとう」や「ごめんなさい」と言ってもらいたい人は、誰にでもいるものですよね。私は長い間、心の奥底では母に「ありがとう」と言ってもらいたかったですし、それよりもっと「ごめんなさい」という言葉を聞きたいと思っていました。

親は、なかなか子どもに対して素直に「ごめんなさい」と言えないものです。そんな自分の心に気づいてからは、私も勇気を出して子どもたちに「ごめんね」と泣きながら謝りました。だから、もしかするとこの質問は、親のほうから先に、**「お母さんは、○○に謝りたいな。あのとき、○○の気持ちをちゃんとわかってあげられなくて、ごめんなさい」**などと先手を打って、話しやすくしてあげるといいと思います。

そしてさらに、**「○○ちゃん、お母さんから生まれてくれて、どうもありがとう」**などと感謝の言葉も心から言ってあげられると、子どもの自己肯定感は高くなります。

「ありがとう」と「ごめんなさい」を心から言える人は、自分の気持ちに素直になれますし、相手に対しても誠実な対応ができます。

自己肯定感が上がるばかりではなく、人からも愛される大人になるはずです。

ポイント17 簡単なようで、なかなか心から言うのは難しい言葉です。だからこそ、子どもの潜在意識にまで響きますし、自己肯定感も大いにアップします

第2章

どんな困難も乗り越えられる！思考力を高める質問

なぜ、思考力が必要なの？

この章では、お子さんの思考力を高めるための質問をご紹介していきます。

なぜなら、思考こそが、その人がその人であることの証だからです。

思考力のある人は、テーマを与えられた際、自分の頭で考え、自分の言葉で話すことができます。

一方、思考力のない人は、まるで空っぽの容器に水が注がれるかのように他の人の思考が頭の中に注がれ、それを自分の思考のように感じ、その考えに自分が乗っ取られてしまいます。

たとえば、過去の歴史を振り返っても、ほんの一部の人たちが情報を操作し、国民の憎しみや怒りを煽《あお》ることで、戦争の大義名分ができ上がりました。そして、国民はまるで自分たちの自由意志であるかのように、戦争へと突入していきました。

しかし、もしも多くの国民たちが国から与えられる一方的な情報だけではなく、自分たちで情報収集する力をもち、それらをもとに客観的な視点から自分の頭でものを考え、自分の言葉で話すことができたとしたらどうでしょう？　そう、あんなにもたくさんの一般市民が戦火に巻き込まれることはなかったかもしれません。

ネットが普及している現代では、多方面からの情報を得ることができます。

しかし、たとえば、ある思想に偏った情報を一度選択すると、それと似た情報のほうを得ることができやすくなって、ますます偏った情報に傾いていくという問題点もあります。

コロナによるパンデミック下で話題になった「ワクチン陰謀説」「アメリカ大統領選の投票用紙差し替え疑惑」なども、自分で検証する力をもっていれば、おいそれとは信じられないことだというのがわかるはずです。

人は、自分が信じたい情報を真実だと思い込む傾向があります。

だからこそ、自分の力で多角的に客観的な情報を得るための思考力が必要となるのです。

学校で教えられたことを、ただ記憶するのではなく、自分の頭で考えるような訓練をする――。

それこそが思考力を育むおおもとになります。

たとえば歴史にしても、ただ暗記するのではなく、「なぜ、日本は戦争の道へと向かったのだろうか?」「戦争を回避する方法はなかったのか?」という具合に考えることこそが歴史を学ぶ本当の意義です。

「なぜ？」と「どうしたら？」を自分の頭で考えるためには、たくさんの知識と多角的な視点、柔軟な考え方が必要です。

そして、当然のことながら、そんな力を身につけられたら、問題解決能力が高くなります。

何度も言うように、人生は、そもそもがでこぼこ道です。

子ども時代は、いくら親が子どもの歩む道を整備してあげても、社会に出れば、みんな同じでこぼこ道を歩くしかありません。

人生でつまずいたり、転んだりしたときに頼りになるのは、体勢を立て直したり、立ち上がる力です。

そして、そのときにこそ必要になるのが思考力なのです。

この章では、お子さんの顕在意識と潜在意識の両方を刺激し、より賢く、強く生き延びるための思考力を育む質問をご用意いたしました。

どうぞ、お子さんと一緒に、１つの質問に対して、できるだけたくさんの答えを出してみてください。

「心が強い子」に
育つ質問
18

思考力

江戸時代にタイムスリップしてしまうとして、3つだけ好きなものをもっていけるとしたら、何をもっていきますか？

これは、今でもよく、大人になった私の娘と私が妄想する質問です。いい大人同士が本気になって小1時間、ああでもない、こうでもないと議論しています。

今のお子さんだと、「スマホ、ゲーム機、充電器」などと答えるかもしれません。

その場合は、**「江戸時代にそんなものをもっていっても、電気がないし、インターネットもないから意味がないよ」**と教えてあげてください。

そうなると、お子さんはかなり困るかもしれません。

でも、それこそが狙いです。

「その環境の中で、自分にとって必要なものは何か？」ということを考えさせてほしいのです。

知っている人もいない、現代とはまったく別の環境の中で生き延びるための知恵を絞ることで、幅広い視点から思考する力が養われます。

江戸時代のことを知らないお子さんには、親が知っていることやネットで検索して得た情報を教えてあげるといいでしょう。

ポイント 18

同じ日本であっても、数百年前と今の違いを知ることや、過去を知っているからこそ使える知恵を考えることには大きな意義があります

「心が強い子」に
育つ質問

19

思考力

1粒食べたら、2時間だけ、1歳、年をとれるキャンディーが20粒あります。あなたは食べる？食べるとしたら、どんなときに何粒食べる？

質問の意図と望ましい対応

私たち大人がこの質問をされたら、「これ以上、年をとるなんてとんでもない」と答えそうですね。

でも、子どもは時々、「早く大人になりたいな」「高校生になったら……」などと考えることがあるかもしれません。

この質問には、**年齢によってできること、成長することをあらためて意識させる狙い**があります。

もしも、なかなかお子さんがイメージできなかったら、**「うーん。お父さんだったら、あまりたくさん食べたら、老人になってしまうからなあ。10粒くらい食べてみて、どのくらい髪の毛が残っているか調べようかな」「ママは電車に乗るときに20粒食べて、席を譲ってもらうわ」**などと、答えるためのヒントを与えてあげてください。

今よりも年をとったら、どんないいことがあるのか？　また、2時間という時間を何に使おうと考えるのか？　どんな場合に食べるといいのか？　などを考えさせるといいでしょう。

ポイント 19

「ほんのちょっとだけ、年をとることができる」というお試し年齢を考えさせることで、年をとることの意味について意識が向くようになります

「心が強い子」に
育つ質問

20

思考力

今、300万円もらったら、どうする？

子どもにとっての300万円は大きな金額です。

それをいきなり手に入れたら、どうするのか？

「貯金する！」「半分はゲームを買って、あとはディズニーや洋服……」などなど、さまざまな答えが返ってきそうですね。親の経済力を心配しているお子さんは「お母さんにあげる」などと答えるかもしれません。親としては複雑な気持ちになることでしょう。

この質問は、**お金の価値や計画的にお金を使うこと、最大限に活用できる方法を考えてもらう質問**です。今では、子どもが投資について学ぶ機会も増え、場合によっては資産運用を考えるお子さんもいるかもしれません。その一方で、親がものを買うか、貯金するかの選択肢しかもっていないと、お子さんもまた、その二択でしか考えられないことでしょう。

実際には、投資や寄付、金に換えるなど、いろいろ選択肢はあります。

さらには時間を買う、自分に投資するためにセミナーに参加する、子どもの教育資金にするなどといったことも考えられます。

さて、あなたのお子さんはどう答えるでしょう？

ポイント 20

生きたお金の使い方を考える力は、絶対に必要です。300万円の使い道を親子で一緒に考えてみてください

「心が強い子」に
育つ質問
21

思考力

これから1年間、テストの答えを毎回、
前の日に内緒で教えてもらえるとしたら、
どうする？　ただし、
入学試験の答えは
教えてもらえません。

何とも悩ましい質問です。

私はこの年齢になった今でも、時々、気づいたら試験前日で、焦りに焦りまくっている夢を見ます。その夢の中で、もしも翌日のテストの答えを内緒で教えてくれると悪魔に言われたら、その誘いを断る自信がありません。

とくに**小学校高学年から中学生くらいのお子さんにとっては、テストの結果というのが大きな意味をもつことがあり、ストレスの材料になりやすい**ものです。

つい二つ返事で乗ってしまいたい気持ちになるかもしれません。

しかし、よく考えてみると、たしかに努力をせずにテストの点数は上げられるでしょうが、肝心の受験などでは使えないとなると、**「そもそもいったい何のために、テストでいい点をとる必要があるのか？」**という疑問に達します。

また、前日に答えを教えてもらえるならば、勉強するのがバカらしくなり、怠け癖がつき、勉強するのがさらに嫌になるかもしれません。そんなことも予想しながら、自分にとって、何が一番よい選択なのかを考えさせたいところです。

ポイント21
子どもの多様な答えに対して、決して否定せず、それぞれの答えのメリットとデメリットを考えさせてみましょう

「心が強い子」に
育つ質問
22

思考力

ものすごくピンチになったときに、誰かがあなたの身体に乗り移って、あなたの代わりに問題を解決してくれるとしたら、誰にお願いしたい？

これは、**いわゆる「モデリング」というスキルを子どもの潜在意識にインストールするための質問**です。

「モデリング」とは、自分ができないことを簡単にやっている人をお手本にすること。つまり、子どもの潜在意識にお手本にしたい人を1つのパーツとして取り込む方法です。

「お父さんなら、お母さんが外出するときに、お母さんに乗り移ってもらって、家事をやってもらいたいなあ」「ママは、仕事でプレゼンをするときに緊張してあがっちゃうから、〇〇さんに乗り移ってもらいたいわ」などと、親が先導してあげると答えやすくなります。

この質問は、**お手本にしたい人がピンチのときにどんなことを考え、どう対処しているのかをできるだけ明確にイメージすること**がポイントです。そして、あたかもその人になってしまったかのように、自分自身が演じられることが大切になります。

ですから、もし、乗り移ってもらったら、どんなふうにピンチを乗り越えるだろうかということについて具体的に話し合いましょう。

ポイント22

どんなピンチが考えられるか、また、ピンチの種類によって、乗り移ってもらいたい人を選んでもいいでしょう

「心が強い子」に
育つ質問
23

思考力

大人になって、あなたが親になったときに、自分の子どもから「なぜ人を殺してはいけないの？」と聞かれました。あなたは、どう答える？

質問の意図と望ましい対応

難問です。殺してはいけないということはわかりますが、その理由を聞かれたら、大人でもきちんと答えるのは難しいですよね。

「命は一番大切なものだから」「命を奪う権利は誰にもないから」「人を傷つけてはいけないから」「法律で禁じられているから」など、いろいろな答えが出そうです。

しかし、**「じゃあ、自殺したいと思っている人に頼まれたら？」「戦争で人を殺しても罰せられないのはなぜ？」「自殺はどうなるの？」「死刑は？」「動物は殺して食べてもいいの？」**など、深く考えれば考えるほど、答えがわからなくなる質問です。

この質問にも正解はありません。だからこそ、親子で、話し合ってもらいたいのです。決してお子さんの答えを批判したり、ダメだと決めつけず、冷静に反論したり、質問をしてください。

答えを導き出すことが目的ではなく、いろいろな視点から深く考えさせることが大切です。どの質問もそうですが、親の考え方が正しいのだという刷り込みだけはしないでください。それをすると、子どもは自分の頭で考えることをしなくなります。

ポイント 23

正解のない問題こそ、さまざまな視点から考えられる力が必要です。親は知ったかぶりをしたり、思い込みを提示してはいけません

「心が強い子」に
育つ質問
24

思考力

今、ここに永遠に死なない薬が1人分だけあるとしたら、どうする？

質問の意図と望ましい対応

不老長寿は長い歴史上、人間の願望の1つでもあります。漫画や映画などでは、特別なバンパイアに血を吸われると、年もとらず、死なない身体になるというようなストーリーがよくあります。一見、「うらやましいな」と感じることもあるでしょうが、そのバンパイアたちには、たいてい仲間がいます。

しかし、この質問では、1人分しか薬はないわけです。

死にたくはないけれど、家族や知っている人たちはみんな死んでいきます。1人ぼっちになることや、愛する者たちを次々に失っていく悲しみ、恐怖、1人だけ年をとらず、見た目が変わらないことに対する世間の目なども加味して考えなければなりません。

「ママは、○○ちゃんがママやパパよりも先に死んじゃうなんて絶対に嫌だから飲まない」「お父さんなら、思いきって飲んで、世界中の悪い奴らをこらしめてまわるかな。どうせ死なないし」などと答えてみて、お子さんの考えを聞いてみるのもいいでしょう。

「僕は飲まないよ。だって死ぬの怖くないもん」などと答えたら、そこからまた深い会話につながりそうです。

ポイント24

「死」は人間にとってなかなか語ることをためらうテーマである反面、「死」を考えることで、「生の意味」をも考えることができます

「心が強い子」に
育つ質問
25

思考力

自分の未来のどこかに10分間だけ行けるとしたら、何歳がいい？そして、何をする？

いろいろな答えが期待できる質問ですね。

また、たった10分間だけという時間指定も考えどころの1つです。

「受験中の自分のところに行って、問題を見てくるに決まってるじゃん」「80歳のときに、何の病気になっているのか確認してくる」「35歳のときに、どんな人と結婚しているのか見てきたい」などなど、自分の未来に対しては興味津々《しんしん》であることでしょう。

この質問は、**未来を見据えながら生きること**について考えさせます。

子ども時代に将来のことを真剣に考えながら生きるのはなかなか難しいことです。

「未来をちょっとだけ見る」というこの質問で、逆説的に**「未来から今の過ごし方を考える」**という視点を植えつけましょう。

実際に未来を知ることはできませんが、自分の未来のどんなことを不安に思っているのか、何に興味があるのかを明確にすることで、現実に何に注意をすればいいのか、何を頑張ればいいのかを知る手がかりとなるはずです。

ポイント 25

未来を予測する力は、生きていくうえで大きな戦力となります。ぜひ、そのための思考を手に入れさせたいものです

「心が強い子」に
育つ質問

26

思考力

自分の過去のどこかに10分間だけ行けるとしたら、何歳がいい？そして、何をする？

これは、前の質問と対になっている質問です。未来はどうなるかわかりませんが、過去はよく知っています。そして、誰にでも後悔している体験があるものです。「今の自分ならば、あのときに戻って、何をやり直したいのか？」を考えることで、これもまた逆説的に、**「未来の自分ならば、今の自分に何と言いたいだろうか？」**という視点をもたせるのです。

「お母さんはまだおばあちゃんが生きていたころに戻って、『ありがとう』って言いたいわ」「パパは16歳の高校時代に戻って、『しっかり勉強しろ！』と言ってやりたい」など、過去の時間をたくさんもっている親が、先に答えのヒントをあげてもいいでしょう。

「5年生のときのサッカーの試合に戻って、『絶対に失敗するな』と自分に言いたい」などとお子さんが答えたら、**「たしかに。でもね、失敗したからこそ、わかったことってあるんじゃない？」**などと、失敗や後悔さえも役に立たせることができると、さりげなく新たな視点を提示してもいいでしょう。

ポイント 26

過去を振り返る意義は、現在や未来に役立つ選択肢を考えるところにあります。体験のすべてを糧にできる思考力をつけさせましょう

「心が強い子」に
育つ質問
27

思考力

明日、地球が滅亡することになったら、最後の1日をどう使う?

あまり考えたくない質問ではありますが、これもまた、**後悔のない人生を送る思考力を植えつけるための質問**です。

子どもどころか、大人である私たちでさえも、「いつかは死ぬだろうけれど、それはもっと先のこと」と漠然と思っています。しかし、現実には、災害や事故、急な発病などで、いつ「死」と向き合うことになるかは、誰にもわかりません。

私自身、20年ほど前に大病をし、「死」と向き合わざるを得なくなったことがあります。そのときに初めて、生きる意味や生きることの素晴らしさに気づきました。それからは毎日を後悔しないように生きられるようになりました。

人は「死」を意識することによって、より密度の高い生き方をすることができます。

ここではあえて、人生最後の1日という極端な設定にして、自分にとって最も大切なものは何なのか、また、「生」は永遠には続かないということを考えさせます。

「ママはもちろん、家族と一緒に普通の1日を過ごすわ」「大切な人たちに感謝を言いまくるわ」などと先導してあげてもいいでしょう。

質問の意図と望ましい対応

ポイント 27

よく「いつ死んでもいいように生きる」などと言われますが、子どもにとっては実感がなくて当たり前。でも、この質問ならば、考えやすいのでは？

「心が強い子」に
育つ質問

28

思考力

あなたは今、山で遭難してしまいました。
あなたの家族と、知らない人たち3人も一緒です。
いつ助けが来るかわかりません。食料も水もありません。
でも、あなたのリュックには
2枚のチョコレートが入っています。
あなたは、それを他の人にも分ける？
分けるとしたら、どう分ける？

いつ救助が来るかわからないので、２枚のチョコレートは命綱でもあります。自分１人でこっそり食べるのか？　家族には分けるのか？　一緒に遭難した３人にも平等に分配するのか？

さらには、どんな割合で分けるのか？　いっぺんに食べるとしたら、いつごろ食べるのか？　数日に分けるとしたら、何日に分けるのか？　生き延びることだけを考えるのか？　それとも救助された後の気持ちや世間体も考えるのか？

このように、思案すべきことはたくさんあります。

「そりゃあ、１人で食べるよ。ママだって、僕が生きられたほうが嬉しいよね」などと答えたら、**「そうねえ。難しいなあ。もしも、一緒に遭難した人の中に病人がいたり、あなたよりも小さいお子さんがいたら……」**などと、さらに設定を詳細にして、考えさせてみてください。

「私なら、もちろん全員で分けるわよ」と答えたら、**「そう？　本当にお腹が空いて死にそうになっても、知らない人に分けられる？」**などと聞いてみるのもいいかもしれません。

ポイント28

生存本能と倫理観がぶつかり合う質問です。その際には、優等生の答えを誘導しないように気をつけたいところです

「心が強い子」に
育つ質問

29

思考力

今、あなたの目の前で、老人、赤ん坊、医者、妊娠している女の人、病気でもうすぐ死にそうな人がおぼれています。

あなたは、どの順番で助ける？

もしも、３人しか助けられないとしたら、誰を助ける？

命に優先順位はつけられるのか？　つけるしかないとしたら、どうつけるのか？　という**生命への倫理を問う質問**ですね。

まだまだ生きられる時間が長い人を優先するのか？　弱い人を優先するのか？　世の中で役に立つ人を優先するのか？　はたまた、妊婦を助けることで2人分の命を救うのか？

子どもによっては、「誰も助けない。不公平になるし、責任をとりたくないから」と答えるかもしれません。そんなときは、**「なるほどねえ。でも、『3人は助けられたのに』って後悔しないかなあ」**などと、深く考えることを促してみてください。

大人でも答えるのが難しい質問です。**うんと悩み、考え抜き、答えを導き出す姿を見せてあげてください。**

人生には、正解のない、でも、自分自身が決めなければならない問いがやってくるときがあります。

そのときに、できるかぎり真摯に、深く、ありとあらゆる方向から、よかれと思われる答えを考えて選択することこそが、ある意味、正解であることはよくあります。

ポイント29

人の命の選別という大変重たい問いですが、老人や障害をもつ人々、言葉をもたない赤ん坊などの人権について考えさせる、いい機会です

「心が強い子」に
育つ質問
30

思考力

ある貧しい母親の子どもが難病にかかり、あと1週間の命と宣告されました。

でも、ある薬を飲めば治ります。その薬はとても高価で、買うことはできません。

子どもは「死にたくない」と泣いています。子どもの父親は母親と子どもを捨てて家を出て行きました。しかし、医者や薬屋、友人たちに、助けてほしいと、貧しい母親は必死で頼みました。しかし、誰も助けてくれませんでした。

そこで、貧しい母親は薬屋に薬を盗みに入りました。

しかし、店員さんに見つかってしまい、つい、母親は店員さんを殺してしまいました。

あなたは、誰の罪が一番重いと思う？

・貧しい母親　・死にそうな子ども
・殺された店員さん　・出て行った父親
・お金を貸さなかった医者
・お金を貸さなかった友人たち

心理学でよく問われる質問です。小さいお子さんには、これもちょっと難しい質問ですね。**「罪」とは何なのかを考えざるを得ない**わけです。

もちろん盗みは悪いことですが、子どもの命を助けるために盗みを働いた母親の罪は重いのだろうか？　そんな母親を助けてやらなかった医者や薬屋が悪いのだろうか？

そもそも母子を捨てた父親に責任はないのか？　故意ではないにしろ、薬屋を殺してしまった母親は？　などなど考え始めたら、なかなか罪の重さに順位をつけるのは大変です。

「そんなの、盗みや人殺しをした母親が一番悪いに決まってるでしょ」という答えはたくさんありそう。その場合は、**「うん。でも、もしも、この母親がママだったら？」**などと自分自身に引き寄せて考えるような質問をしてみてください。

場合によっては、「死にたくないって泣くなんて、わがままな子だね」などと、厳しい意見が出るかもしれません。

そうであるなら、もしかすると、日ごろからお子さんは**「弱くあってはいけない。強くなければ」**という非言語のメッセージを受け取っているかもしれません。注意しましょう。

ポイント 30

それぞれの立場や責任から罪の重さをはかることで、多角的な視点や「罪と罰とは何なのか？」という少し難しい問題を考えさせます

「心が強い子」に育つ質問

31

思考力

あなたはクイズ番組に出演して
30万円を獲得しました。
次の問題にチャレンジして正解すれば、
100万円獲得できます。ただし、
不正解であれば
獲得賞金は0円になります。
あなたなら、どうする?

クイズ番組などで葛藤する挑戦者の姿を見ることがありますね。

子どもにとって30万円は大きな金額です。

しかも、次のクイズに不正解だったら、0円になってしまい、今までの苦労が水の泡。でも、あと1問正解すれば、なんと100万円という大金が手に入ってくる。子どもだからリタイアするのか？　はたまた、子どもだからこそ無邪気にチャレンジするのか？

「挑戦するに決まってるよ！　だって、もともとなかったお金なんだから」とお子さんが答えたら、**「そう？　でも、30万円を今もらったら、何に使う？」**などと、あえて誘惑してみてください。

一方、「私は絶対30万円をもらって帰ってくる！」と答えたら、これまた**「そう？　でも、100万円って、30万円を3倍にしても、まだ10万円おまけがある額だよ」**などと、心を揺さぶってみてください。

あえてリスクをとって、大きな報酬を目指すのか、堅実な道を選択するのかを、いろいろな角度から考えさせましょう。

ポイント 31

人生はチャレンジの連続。チャレンジなくして成功はありません。とはいえ、ときには一度退散するという戦略的に生きる知恵も必要です

「心が強い子」に
育つ質問
32

思考力

犬や猫、小鳥など小さな生き物をいじめたり、殺したりするのが好きな人と、自分の国を守るために他の国のたくさんの人たちを爆弾で殺す人では、どちらが悪いと思う？

質問の意図と望ましい対応

恐ろしい質問ですね。**自分の快楽のために小動物を殺す人と、自国を守るという大義名分のもと、外国の人たちをたくさん殺す人の罪の重さをはかる問い**です。

人間以外の小さな命と人間の命の重さには違いがあるのか？ また、法律的には軽い罪でも、その罪は軽いと言えるのか？ 戦争という名のもとであれば、殺人もいたし方ないのか？ 直接、手を下すことと、手を下さずに殺すことは罪の重さに関係するのか？

たくさん考えさせる材料がつまっている質問です。

戦争というものの正体を知っていれば悩む問題ですが、戦争を単純にとらえている小さなお子さんは、小さな動物を喜んで殺す人のほうがずっと悪いように感じるでしょうか？

それとも、犬や猫などと家の中で家族として暮らした経験のないお子さんは、「しょせん、動物だから」と感じるでしょうか？

どちらも悪いことだとはわかっているけれども、あえて選ばなければならないという設定であるからこそ、思考力を伸ばす効果があります。

ただし、あくまでも親の価値観を植えつけさせないように気をつけなければいけません。

ポイント 32

どちらも人間の欲求を満たすための殺害であるという点では同じかもしれませんね。そのあたりも話し合えると、なおいいでしょう

「心が強い子」に
育つ質問
33

思考力

人を傷つけるようなことばかり言っているけれども、毎年10億円ずつ貧しい子どもたちや動物のために寄付をしているお金持ちの人と、人に優しいことばかり言っているけれども、一生どこにも寄付をしないお金持ちとでは、どちらがいい人だと思う？

極端なようですが、**実際にはたくさんいそうな2タイプのお金持ちの善良さを問う質問です。****口なのか、行動なのかという視点での考え方**もできそうです。

いくら口ではうまいことを言っていても、行動が伴わない人もいれば、口は悪いけれども、やっていることは素晴らしい人もいます。

また、どちらも程度の問題でもあります。あまりにもひどい言葉で、たくさんの人を傷つけていては、許せる範囲ではないでしょうし、何にも行動は起こさなくても、たくさんの人を嬉しい気持ちにさせるならば、価値があるでしょう。

もし、お子さんが答えに困っていたら、**「お母さんなら、行動が優しい人のほうがいい人だと思うな」「パパは見ず知らずの人を助けるよりも、いつも周囲の人たちを喜ばせる人のほうがいい人だと思うけど」**など、正直な感想を言ってあげてください。

「傷つけることばかりって、たとえばどんなこと?」「優しい言葉って、何?」などとお子さんが聞いてきたら、**「○○ちゃんは、どんなことを言われたら傷つく?」「○○は、どんなことを言われたら嬉しい?」**などと聞き返してみてはいかがでしょう?

ポイント 33

人間というのはなかなか複雑なものです。人を1つの側面だけではなく、立体的に見られるようになる質問です

「心が強い子」に育つ質問 34

思考力

とても貧しくて、自分の子どもに食べ物を買ってやれない父親が、お金目当てで、お金持ちの子どもを誘拐し、ついうっかり殺してしまいました。犯人であるその父親は捕まりましたが、証拠不十分で無罪になりました。自分の子どもを殺された父親は、今度は犯人の子どもを誘拐して、ひどい目にあわせて、殺してしまいました。そして、その後、自殺しました。

さて、あなたはどちらの親のほうがより悪い人だと思う？

どちらも子どもを愛するがゆえの行動ではあります。かたや、子どもに満足な生活をさせてやりたいがために。もう片方は、殺された子どもの復讐のために。

殺すつもりはなかったのに結果的に殺してしまった父親と、その父親の子どもをひどい目にあわせて殺した父親。また、証拠不十分だということで、無罪になってしまった父親と、何の罪もないのに誘拐されたあげく殺された子どもと、これまた何の罪もないのに、ひどい目にあわされて殺された子ども。なかなか手ごわい質問ですね。

「えー、それはひどい目にあわせて殺した父親のほうが悪いに決まってるよ」などとお子さんが答えたら、**「本当にひどいよね。でも、もともと誘拐なんてされなければ、そして子どもが殺されなければ、そんなことしなかったよね？」**などと、思考を深めるお手伝いをしてあげてください。

「子どもを殺すんじゃやなくて、犯人を殺せばよかったのに」と言うお子さんもいるかもしれませんね。その場合は、**「でも、ちゃんと刑務所に入れてくれていたら、どちらも殺さずにすんだかもよ」**などと問いかけてみてください。

ポイント 34

現実世界でも、家庭内での父娘間でのレイプなどが無罪放免にされるケースがあります。世の中の理不尽さについて考えさせましょう

「心が強い子」に
育つ質問

35

思考力

あなたの寿命を1歳につき、1000万円で買ってもらえるとしたら、売る？
売るとしたら、何歳分くらい売る？
ただし、今、寿命が何歳分ある
かはわかりません。

質問の意図と望ましい対応

大人よりも子どもは、お金の苦労をしている可能性は低いでしょう。しかし、親がお金で苦労しており、自分自身もみじめな思いをしていたら、子どもは考えなしに「10年くらい売る！」と言い出すかもしれません。

「3年くらい売る」などと答えたら、**「どうして3年？」「売ったお金を何に使いたいの？」「3年も早く死んじゃってもいいの？」**などと聞いてみましょう。

「売らないよ」と答えたら、**「お金はいらないの？」「もしかすると100歳以上まで寿命があるかもよ」**などと他の可能性も考えさせてみましょう。

この質問は、**まさにお金と時間の価値を考えさせるもの**です。

大人は、「時間ほど大切なものはない」と思うかもしれません。時間があるということは、それだけ変化の可能性もチャンスもあるということだからです。しかし反面、お金がないと、いくら時間だけがあっても、ただ苦労する時間が増えるだけかもしれません。また、時間の正しい使い方がわからなければ、無駄な時間を過ごしてしまいます。

時間とお金の大切さと、そのバランスを考えさせることができれば素晴らしいです。

ポイント35

ある意味で私たちは、自分の時間と引き換えに対価を得ています。効率のいい、後悔しない時間の使い方を考えさせたいものですね

「心が強い子」に育つ質問

36

思考力

核爆弾が使われ、地上では暮らせない状況になりました。幸い、生き延びるためのシェルターにあなたは入れることになりました。しかし、シェルターに入れる人数はあなたを含めて10人だけです。残りの9人はあなたが選べます。シェルターに入りたがっているのは、次の人たちです。あなたは、誰を選ぶ?

・あなたの両親と兄弟　・内科医　・外科医
・科学の研究者　・心理カウンセラー
・兵士　・レストランのシェフ　・農業経営者
・発明家　・お笑い芸人　・歌手
・シェルターの開発者　・音楽家
・ものすごいお金持ち　・美しい女優　・アイドル
・宇宙飛行士　・大工　・大学教授　・漫画家
・作家　・洋服をつくる人

これも子どもにとっては、とても考える余地のあるテーマです。

まず、残り9人のうちに、自分の家族を全員入れるかどうか？

「うーん、パパはいらないか」などと言われたらショックですよね。「お父さんとお母さんと……。妹は選ばないかも」などと言われてもまたショックですよね。

そんな答えに「なんてこと言うの！」といきりたってはいけません。**「そうなんだ。どうして妹は選ばないのかな？」**と受け止めたうえで答えを誘導してあげてください。

もしかすると意外な答えが返ってくるかもしれません。

あるいは、「家族は全員選ばない」ということもあるかと思います。

しかし、**それはそれで正解です。**その理由をちゃんと聞いてあげてください。

医者を選ぶにしても、内科と外科ならどちらがいいのか？　食料を確保するために役立ちそうな人は？　いろいろな知識も必要だし、ものをつくれる人も必要だし、漫画も読みたいし、笑いがあれば場がなごむかもしれないし、いやいやストレスを感じるから心理カウンセラーがいたほうが……などなど、いろいろな可能性を考えさせてみてください。

ポイント36

この質問では、未体験の環境を思い浮かべて、衣食住、心地よさ、教育、医療など、自分にとって必要なものを取捨選択する力を養います

第3章

思いやりのある人になれる!

想像力を高める質問

なぜ、想像力が必要なの？

想像力は共感力の源です。

共感力とは、相手の置かれている立場や気持ちを想像できる力、そして、それを相手に指し示すことができる力のことです。

ちなみに共感とは、同感ではありません。

同感は、自分も同じように感じるということです。

一方、共感は、相手の立場になって感じる力です。

「この人ならば、きっとこう見えているんだろうな」「こう聞こえているんだろうな」「こんな気持ちなんだろうな」と感じ取り、それを相手に伝えられる力——。

これが、相手の内面を想像する力です。

また、想像力の高い人というのは、夢見がちな人ということではありません。

あるいは、ものごとを自分の都合のいいように解釈したり、思い込んだりする人でもありません。

事実を活用しながら、見えないものを推測する力をもっている人です。

人の心は目では見えません。

だから、日常のその人の振る舞いや性格、思考パターンなどを通して、その人の心を想像できるかどうかが、とても大切です。

それができれば、その人が言われて嫌なことは何なのか、言われて嬉しいことはどんなことなのか、今、かけてほしい言葉はどんな言葉なのかが、自然とわかります。

当たり前ですが、こうした「察する力」があり、相手の思いを汲める力がある人は、人から好かれ、愛されることは間違いありません。

なお、想像力があれば、**未来を予想する**こともできます。

未来に起こるかもしれない問題を想像できれば、その問題が起きないように準備することや、問題が起きたときのための対処方法を早めに考えることができるでしょう。

自分にとって理想的な未来を想像できれば、向かうべき場所がわかりますし、そこにたどりつくために何をすればいいかもわかります。

豊かな想像力があることのメリットは、それだけではありません。

たとえば大人になって、何かしらの職業に就いたときに、ユーザーや顧客がどんな問題を抱えているのかを知り、既存のアイデアではなく、オリジナルの新しいアイデアを提供できれば、間違いなく差別化ができ、成功しやすくなります。

それらもまた、想像力が高い人と低い人とでは大きな差が出るところです。

想像力は、まさに問題を回避したり、解決するためにも使えますし、自分の目標を明確にするためにも、そして、ゴールにたどりつくためにも使える力なのです。

面白いのは、**現実に体験していなくても、想像しただけで身体が反応を起こす**ことです。

レモンを食べる想像をしただけで、唾液が出るのはそのためです。

ネガティブな想像をしたり、いつも不安や怒りを抱えている人は、身体にも悪い影響を及ぼしています。

想像力は、心と身体を健康にするためにも大いに役立つのです。

成功する人生を歩むために必須となる想像力——。

この章では、質問の答えを考えながら、お子さんの想像力を鍛えていきます。

どうぞ、お子さんと一緒に想像をふくらませてみてください。

「心が強い子」に育つ質問

37

想像力

今から10年後の未来から来た自分が、
何か大切な手紙をあなたに渡して、
すぐに未来に戻ってしまいました。
さて、その手紙には
いったい何が
書かれていたと思う？

質問の意図と望ましい対応

わざわざ未来から来たくらいですから、重要なことが手紙に書かれていそうですね。それとも、お子さんの性格からすると、また別のメッセージがありそうでしょうか？

「えぇー？　10年後なんてわかんないよ」とお子さんが言ったら、**「10年後だと○○は19歳になっているわね。大学生かな？　それとも浪人生かな？」**などと10年後の未来を想像できるように導いてあげてください。

「10年後のお母さんからの手紙には……。『今のうちにお父さんに家事を教えておいてね。仕事に復帰して、とても忙しいから』って書いてあると思うわ」など、自分の10年後の姿を予想して、先に答えてあげるといいかもしれません。

大人になると、「ああ、10年前から英語を勉強しておけばなあ……」「今から思えば、10年前なら、何を始めても遅くなかったのに」「今思えば、あのときに思いきって転職すればよかった」などなど、後悔することも多くなります。

だから、**「10年後の自分だったら、今の自分に何と言いたいだろうか？」**と考えて、それを実行するようにさせましょう。

ポイント 37

「未来の自分が今の自分に何を言うか」と想像する習慣をつけておくと、つねに人生を逆算して行動できるようになります

「心が強い子」に
育つ質問
38

想像力

1時間だけ透明人間になれる薬が3錠あったら、いつ使う？

1時間というところと、3錠というところがポイントです。


まず、透明人間になって何をやりたいか？

「試験の最中に飲んで、勉強ができる人の解答を見る」などと思いつきそうですが、「でも、その間、急に自分がいなくなったら大騒ぎになるんじゃない？」という問題もありそう。

「切符を買わずに、コンサートに入り込む」「無銭乗車する」「好きな人の部屋にそーっと入って、見つめている」「受験の前日に試験問題を盗み見に行く」「嫌いな人の弱みを握るために使う」などなど、想像力を働かせると、いろいろ使えそうですよね。


悪事に使うのか？　それとも善行に使うのか？

あえて、どちらの場合も想像してみると面白いかもしれません。

また、一生のうちに3回使うのか、いっぺんに3錠飲んで、3時間使うのかという選択肢もあります。**「お母さんは銀行で少しばかりお金を拝借しちゃおうかしら」「某国の独裁者を拘束《こうそく》する」**などと、あえてツッコミどころ満載の答えを言って、お子さんに問題点を考えさせてもいいかもしれません。

ポイント38
薬を何のために使うのか、最も効果的な使い方とタイミングをさまざまな視点から想像させてみましょう

「心が強い子」に
育つ質問
39

想像力

1日中、トイレもお風呂も寝るときも
ずっと監視されているけれども、
何かあったらすぐに助けてくれる監視社会と、
いつどこでどんな凶悪犯罪や事故に巻き込まれて
死んでしまうかわからない
自由な社会だったら、
どちらで生活したい？

今では、あちこちに防犯カメラが設置されています。また、個人情報に関する問題もつねに議論されています。一方、何の罪もない人がある日、強盗に襲われ殺されるなどという凶悪犯罪も増加しています。

どちらかというと、自由だけれども、いつ凶悪な犯罪や事故に巻き込まれるかわからない生活のほうが私たちの今の状態に近いかと思います。

「自分はそんな不幸に見舞われるわけないよ」と多くの人が頭の隅で考えているかもしれません。しかし、犯罪や事故、または天災で亡くなった方やご遺族もまた、私たちと同じように感じていたのではないかと想像します。

とはいえ、あまりにも神経質に起こってもいない不幸に怯《おび》えて暮らすのも考えものです。

また、監視カメラはそんなになかったにせよ、かつての日本は政府や戦争についての批判を言った者は「非国民」と言われ、場合によっては逮捕され、拷問され、殺されました。

その意味でこの質問は、**自由と権利、そして自己責任という重たいテーマをあえて想像させてみる質問**です。

ポイント 39

自由や権利には責任や義務が伴うものでもあることに考えをめぐらせるように導きましょう

「心が強い子」に育つ質問

40

想像力

あなたの家のリビングに、苦しんで死んだらしい1人の死体があります。この人はどうして死んだのだと思う？どうしてあなたの家にこの死体はあったのだと思う？

まさに想像力頼みの質問です。まず、この死体は誰なのか？　男か？　女か？　どんなふうに死んだのか？　殺されたのか？　自殺なのか？　病死なのか？　事故死なのか？　殺されたとしたら、いったい誰が殺したのか？　そして、なぜ自分の家のリビングに？

つまり、**想像の世界で1つのストーリーをつくってもらう質問**です。

「うーん。お母さんはね、その死体はきっと、韓国イケメン俳優の〇〇さんだと思うわ。彼はSNSでお母さんと知り合い、会いに来たのよ。でも、それを知ったお父さんが怒り狂って、彼を殺してしまった……。お母さんって罪な女よね……」などと冗談めかして、ストーリーの見本を話してあげてはどうでしょうか？

最初からすべての話をつくり上げるのは難しいかもしれませんが、このような与えられた設定の中からならば、比較的、簡単にできます。

この同じ設定の条件で、悲劇だったら？　コメディーだったら？　コントだったら？　サスペンスだったら？　などなど、親子でどちらが面白いお話をつくれるかを競ってみてはいかがでしょうか？

ポイント40

この質問への答えを深掘りしたり、別の設定で違うお話をつくったりしているうちに、さらに想像力をアップさせることができます

「心が強い子」に
育つ質問
41

想像力

夜、寝ている間に夢の中で、別の人生を体験できるとしたら、どんな人生がいい？

人間は人生の3分の1を寝て過ごします。また、覚えていないだけで、寝ている間は必ず夢を見ていますし、夢は潜在意識と深く関係しています。

そう考えると、**「寝ている間に潜在意識レベルで、もう1つの人生を送っている」**という考え方は、必ずしも否定できないものです。ましてやその夢の中では、好きな人生を選べるとなれば、いろいろイメージはふくらみます。

「お母さんは夢の中では、宝塚のトップスターになって、みんなを魅了したいわ」「お父さんは夢の中では、スパイになって世界中で活躍するぞ」など、まずは何でもありの答えを提示してあげるのもいいでしょう。

潜在意識の特徴の1つとしてあげられるのが、**「潜在意識は現実と想像の区別ができない」**というものです。だから現実には体験していないことにでも、イメージするだけで身体は反応します。たとえば不安や焦り、怒りをいつも感じやすい人の身体は緊張しやすく、免疫力が下がりやすい状態になります。一方、想像力を駆使して、リラックスしたり、ワクワクしたりしていると、身体は鎮静化したり、生き生きしたりと、いい影響があります。

ポイント41

想像力は心や身体の健康にも大きな影響を及ぼします。その意味でも、お子さんには想像力の上手な使い方を教えたいものです

「心が強い子」に
育つ質問
42

想像力

お父さんかお母さんの身体とあなたの身体が入れ替わってしまい、そのまま生きていかなければならないとしたら、どちらがいい？

「お父さんと入れ替わったら、会社に行って仕事ばかりしなくちゃいけないから嫌だ」「お母さん！　毎日、家でテレビ見て楽そうだから」などの答えが返ってきたら、ちょっとショックですよね。しかも、「でも、お父さんと入れ替わったら、私の身体にお父さんが入って、学校に行くんでしょう？　それは絶対にムリー」「お母さんが僕の代わりにサッカーやれると思えない。僕、ポジション失うよ」などなど、さらに追い打ちをかけられそう。

親もまた、**「お母さん、今からあなたの代わりに体育の授業や試験を受けたら、かなり成績が下がりそうで気が重いわ」**などという問題も発生しそうです。

逆に、「お父さんに入れ替わってもらって、受験してもらいたい」「お母さんに入れ替わってもらって、いじめっ子に復讐してもらいたい」などというリクエストもあるかもしれません。これは**日ごろ、お子さんが親をどう見ているかがわかる質問**です。また、親にとっても、子どもの日常でのストレスなどを想像できるいい機会かもしれません。

お互いにそれぞれの生活のよい点や悪い点を想像してみると、お互いに対する尊敬や感謝が生まれ、苦労もわかるかもしれませんね。

ポイント
42

身体が入れ替わることの利益と不利益の両方を想像させたいところです。また、親以外だったら、誰がいいのか？　などを想像しても楽しいでしょう

「心が強い子」に
育つ質問
43

想像力

宇宙人が地球を征服しました。地球人の生体を知るために、生きたまま解剖する人を3人差し出せば、それ以外の人たちの安全は保障すると言っています。それぞれが意見を言わなくてはならなくなりました。

あなたは、何と言う？

質問の意図と望ましい対応

大勢の人たちの安全を守るために、3人の命を犠牲にしなくてはならない。それも生きたまま解剖するという、とても恐ろしい提案です。

でも、これはちょっと考えると、**「戦争って、大勢の人の利益や命を守るために一部の兵士が犠牲になることじゃないの？」**ということに思い至りませんか？

さらには、ウクライナのように兵士でもない一般市民が戦争に巻き込まれて、悲惨な死を遂げることもたくさんあります。

しかし、この質問では、地球人全部の命の安全と引き換えに犠牲になるのは3人です。この3人という数をどう考えるか？　また、たとえ1人であったとしても、大勢のためにその人を犠牲にすることは許されるのか？　あるいは、その3人はどうやって決めるのか？

「それは絶対3人に犠牲になってもらうよ」と言ったら、**「でも、その3人の中に家族の誰かが選ばれたら？」**などと聞き返してみてください。

ポイント43

3人の犠牲者の思いや、誰も犠牲にしない方法などを想像してみることで、さまざまな答えがあると気づくことでしょう

「心が強い子」に
育つ質問
44

想像力

200年後の未来か200年前の過去のどちらかに行って、その後の人生を過ごさなくてはならなくなったとしたら、あなたは未来と過去、どちらに行く？

200年前というと、まだ江戸時代です。かたや200年後となると、どんな世の中になっているのかわかりません。

江戸時代の日本は戦争もありませんし、比較的穏やかな時代かと思われますが、現代の暮らしに慣れた私たちにとっては、過酷なこともたくさんあるでしょう。

たとえばトイレ、食べるもの、着るもの、教育、住居、仕事、病気になったときの医療、お風呂など、乗り越えなければならない問題がたくさんありそう。

かといって、200年後の日本が今のように平和な時代かどうかはわかりません。もしかすると、戦争をしているかもしれませんし、どこかの国の植民地になっているかもしれませんし、大地震や原発事故が起こっているかもしれません。

「お父さんは未来なんてどうなっているかわからないから、江戸時代で未来を占って暮らす」「お母さんはウォシュレットもないトイレなんて我慢できないから、未来に賭けるわ」などと言って、過去に戻るリスクと未来に賭けるリスクを想像させてみましょう。

ポイント44

過去の世界で生きるためには何が必要なのか、また未来において今の自分が通用するのか、過去と未来を秤《はかり》にかけさせてみましょう

「心が強い子」に
育つ質問
45

想像力

あなたのご先祖さまに会えるとしたら、誰に会って何を話す？

小さなお子さんには、**「ご先祖さま」の意味を教えてあげる必要がある**かもしれませんね。祖父母はたいてい、会ったことがあるでしょう。曾祖父、曾祖母もあるかもしれません。しかし、曾祖父母の父親、母親となると会ったことはないですよね？

また、叔父、叔母なども入りますので、数は膨大です。

その中で、**誰に会って何を話すのかという目的が一番大事**になるかと思います。

「そうだなあ。パパなら、ひいじいちゃんに会って、『若いころに何とか銀座に土地をたくさん買っておいてください！』ってお願いするかなあ」「ママは、おばあちゃんのお母さんに会って、『ハンサムなフランス人と結婚してください』ってお願いするわ」

「ええ？　それじゃあ、ママは産まれないんじゃないの？」など、過去を変えたら、今が変わることなども踏まえながら、想像させてみてください。

「若いころのおじいちゃんに会って、『パパをもっと厳しくしつけてください』って言う」

「1944年ごろのご先祖さまに会って、『広島や長崎の人たちに逃げるように言ってください』って言う」など、問題意識の高い答えも出てくるかもしれませんね。

ポイント45

「過去を変えると未来は変わるかもしれない」ということを念頭に置きながら想像するのが、この質問に答えるときのルールです

「心が強い子」に
育つ質問
46

想像力

あなたは重い心臓病にかかっています。誰かの心臓を移植してもらわなければ死んでしまいます。しかし、あなたに合う心臓のドナー（提供者）はいません。でも、外国の貧しい親がお金のために自分の子どもを悪い人に売った際に、その子の心臓を買えば、あなたの命は助かります。

あなたの親はどうすると思う？　あなたが自分で決められるとしたら、どうする？

もしも、あなたの親が心臓病なら、あなたは売られた子どもの心臓を買ってでも、助けたい？

生命の倫理と法の問題です。

日本では子どもの心臓移植はきわめて少なく、ほとんど海外に頼っているのが現状です。事故や病気などで死亡し、本人やご家族の了承を得ていれば移植は可能ですが、この質問では、健康な子どもの心臓を移植するという、倫理的、法的にあってはならない設定です。しかし、実際には臓器売買が行われていますし、貧しい国の子どもたちが行方不明になったり売られたりしているという現実もあります。

「うーん。死にたくないから、移植してもらいたい」と子どもが答えたら、**「そうだよね。お母さんも、○○が死にそうになったら、何としても助けたいと思うかもしれないな。でも、何の罪もない元気なお子さんがそのために殺されると想像したら……」**などと、葛藤をそのまま表現してみてもいいでしょう。

「私は、誰かを殺してまで生きたくないから、嫌だ」と答えたら、**「わかるよ。でも、○○が死んじゃったら、パパは生きていけるかなあ」**など、これまた親の本音を言ってみるのもいいと思います。

ポイント46

答えはダメに決まっている質問であるわけですが、本当にそのときになったら、迷わずに「NO！」と言える自信がありますか？

「心が強い子」に
育つ質問
47

想像力

小さな子どもたちを次々と殺している
残虐な凶悪犯が、
じつはあなたの家族の1人だと、
あなただけが
知ってしまいました。
あなたなら、どうする？

もしかすると、小さなお子さんは「警察に言う！」と即座に答えるかもしれません。

しかし、少し大きなお子さんは、いろいろ想像してしまうかと思います。

「お父さんが犯人だと世間に知られたら、家族はどうなってしまうんだろう？」「お兄ちゃんが犯人だったら、きっと何か事情があったに違いない」などと言った具合に。

警察に連絡するのか？　自首を勧めるのか？　はたまた知らないフリをし続けるのか？

知らないフリをし続けても、どうしてもその家族に対する疑問や不信感、そして不安や罪悪感はつきまといます。**それらの複雑な感情を想像させてみてほしいのです。**

自分たち家族のために見て見ぬフリをしたら、もっと犠牲者が増える可能性もあります。

あるいは、殺された子どもたちの思いや被害者の家族の気持ちなども想像させてみましょう。と同時に、加害者の家族の気持ちも、この質問で想像できるのではないでしょうか？

このように1人の人間、1つの出来事の裏には、表からは見えないたくさんの事情があるものです。ものごとや人間を深く理解するためには、いろいろな立場、角度から想像できる力が必要であることを教えてあげましょう。

ポイント47
被害者と加害者の両方の立場、家族への思いなど、複雑な思いを想像させるために、親も一緒に悩み、葛藤してください

「心が強い子」に
育つ質問
48

想像力

1日に1時間だけ、時間を止めて好きなことができる力が手に入りました。あなたはその1時間を何に使う？

質問の意図と望ましい対応

「こんな力があったらいいなあ」と大人でも思ってしまう質問ですね。お父さんやお母さんは、即座に「寝る！」と答えるかもしれません。

同じように、日ごろ、睡眠時間の少ない子どもも、そう考えるかもしれません。「ゲームをする！」「漫画を読む！」という答えはとても多そう。そんな中、「勉強する」と答えるお子さんもいそうです。その場合、やる気にあふれているか、もしくは精神的に追いつめられている可能性もあります。

あえて**「パパは、その1時間をぜひともギターの練習時間に！」「ママは、ゆっくりとアロマの時間にするわ」**など、自分の楽しみの時間を提案してみてもいいかもしれません。

この質問の答えを想像することで、**「今の自分にとって必要な時間」**を知ることができます。

そして、**「それは本当に今の生活の中では確保することができない時間なのだろうか？」**とお子さんと一緒に考えてみてください。限られた時間の中で優先順位を決めて生きられる能力は、後悔のない人生の切符を手に入れたことにもなりますからね。

ポイント 48

1日24時間という、誰もが平等に与えられている時間の意味を考えることは、どう生きるかを考えることです

「心が強い子」に
育つ質問
49

想像力

無人島でこれから一生、生活しなければならなくなったとして、誰か1人だけ連れていけるとしたら、誰を選ぶ？

ユーモアのあるお子さんは、「ドラえもん。『どこでもドア』で家に帰してもらう」などと答えそうです。

もちろん、そのような答えもOKですが、その場合には、もう1つ、**「現実にいる人で」**という条件のもとで答えを考えさせてください。

「お母さん！」「お父さん！」などと答えてくれたら、親としては嬉しいでしょうが、**「でも、先に死んじゃうよ」**など、問題を提起してもいいかもしれません。**「ママは、〇〇ちゃんを連れて行きたいなあ」**と言ってみて、お子さんの反応を見るのもいいでしょう。

大好きなママと一緒にいられるのは嬉しいけれども、何しろ無人島です。

お子さんは、ママに指名されたときのことも想像してみるでしょう。

大好きな人を連れて行くか？　それとも役に立つ人を連れて行くか？　迷うところです。

「お医者さん」などは病気になったときに安心でしょうし、「船をつくる職人さん」だと、もしかすると、無人島の木を使って、船をつくってくれるかもしれません。

ぜひ、このように発想を広げていくお手伝いをしてあげてほしいと思います。

ポイント 49

衣食住はもちろんのこと、精神的な支えだとか、帰還できる可能性、家族とお別れする気持ちなども想像できると、なおいいでしょう

「心が強い子」に
育つ質問
50

想像力

あなたがつくったゲームが、世界中で大ヒット。さて、あなたがつくったのは、どんなゲーム？

質問の意図と望ましい対応

お子さんにとっては、楽しい想像になるのではないでしょうか？

ゲーム業界は常に進化を続けています。

私たち大人が子どもだった時代にはなかった職業もたくさん生まれています。ゲームのジャンルも多岐にわたり、ロールプレイング、シューティング、シミュレーション、パズル、アクション、アドベンチャーなどなど。

ふだん、お子さんがどんなゲームで遊んでいるかによって、変わってくるかと思います。

この質問では、ゲームのジャンルだけでなく、ゲームの内容まで想像させてみましょう。

「パパは、旅をしながらモンスターたちをやっつけて、お姫さまを救うゲーム」という言葉に対し、「パパ、それ、もうたくさんあるよ……」と返すやりとりもありそうですね。

「勇気や知恵くらべをしながら、世界中の子どもたちと友だちになれるゲーム」などとお子さんが答えたら、**「それは今あるゲームとどう違うの？　どうして大ヒットすると思うの？」**などと、考えを深めていきましょう。こうしたやりとりを通じて、**「どんなゲームだったら、たくさんの人が欲しがるか？」**という視点も養えることでしょう。

ポイント 50

今までにはない新しいアイデアは、楽しみながら発想を広げていく習慣から生まれます

「心が強い子」に
育つ質問
51

想像力

自分の寿命を
誰かに分けられるとしたら、
誰にどのくらい分け与える？
ただし、自分の寿命が
あと何年分あるかは
わかりません。

自分にとって大切な存在とも、いつかはお別れしなくてはならない、という現実をちょっとだけ想像させる質問です。

大人になれば、死別の悲しみを実感することも多くなり、大切な存在のためならば、自分の命を分け与えたいと考えることもあるでしょう。

しかし、子どもにとっては、まだピンとこない問題かもしれませんね。

「お母さんは、うちのトイプードルのルルちゃんに3年くらい、寿命を分けてあげたいわ」などと、お手本を見せてあげるといいでしょう。

もし、「僕は、誰にも分けてあげたくないな」とお子さんが言ったら、**「たしかにそうだよね。でも、もしも、おばあちゃんがすぐに死んでしまう病気になったら？」**などと言って、お子さんにとって大切な存在のことを思い出させてあげてください。

もちろん、必ずしも自分の寿命を分け与えることがいいわけではありません。ただ、自分の寿命を分け与えてでも生きていてほしい存在に思いを馳せることができるのは、素晴らしいことだと思います。と同時に、自分の命の大切さにも気づければ、なおいいですね。

ポイント 51

自分にとって大切な存在がいなくなることを想像することで、平凡な日常のありがたみを理解できるようになるでしょう

「心が強い子」に
育つ質問

52

想像力

今から15年後、
あなたの知り合いの中から、
大成功した人が現れるとしたら、
それは誰？　また、
その人は何をして
大成功したと思う？

「それは僕だよ！」とお子さんが即答したら、頼もしいかぎり。そんなときは、**「すごいね！　どんなことで大成功したと思う？」**などと具体的に想像させてみてください。

「○○君かなあ……。だって、頭いいからね。きっとアプリとか発明したんだよ」と答えたら、**「○○君はアプリかあ。アプリを発明するためには、どんな勉強が必要なのかね？」**などと、成功する方法についても一考させるといいでしょう。

「○○ちゃんだと思う。だって、○○ちゃんはすごくかわいいから、女優さんとかになってるよ、きっと」と答えたら、**「なるほど。あなたは女優さんとかにはなりたくないの？」**などと、お子さんに引き寄せた質問をしてはどうでしょう？

そして、**「もしも、あなただったら、どうやって大成功すると思う？　どんなジャンルで？　どのくらい大成功するかな？　そして、そのためには人と違うどんなことをやったと思う？」**などと、大成功した自分の未来を想像させてください。

肝心なのは、具体的にイメージさせることと、何をやったから、そうなれたのかということをしっかりと考えさせることです。

ポイント
52

必ずしもお金持ちになることや、有名になることが大成功ではないということも想像させてみてください

「心が強い子」に
育つ質問
53

想像力

世界中で恐ろしい感染病が蔓延し、このままでは10億人以上の人が死んでしまいます。そんなとき、10人の人の身体にその病気に効く抗体があることがわかりました。しかし、ワクチンをつくるには、その10人の命を犠牲にしなくてはいけません。しかも、その1人はあなたのお母さんでした。どうするかの決定権はあなたにあるとしたら、どうする？

これもまた、**大勢を救うための少数の犠牲というテーマの質問**です。

そして、その少数には自分の母親も含まれているとしたら、どうするか？

10億人という数と10人という数の差は大きいですが、10人の人にはそれぞれ家族があり、人生があります。それを実感しながら、どんな決断を下すのか？

「それはお母さんに我慢してもらわなくちゃ。お母さん1人で1億人の人の命が助かるわけだからさ」などと言われたら、「しっかりした子だなあ」と思う反面、少しばかりショックですよね。

「お母さんだけは助けてあげるよ。それだったら、1億人だけの犠牲ですむからね」などと答えたら、**「嬉しいけど、1億人って、日本人のほとんどが死んじゃう数だよ。それに、お母さんだけ免除されたら、残りの9人の人や、その家族は怒るんじゃない？　しかも、そのあと、恨まれたりしないかな？」**などと、さらなる答えを促してみてください。

少し年齢がいったお子さんならば、「お母さんだったら、どうしてほしい？」などと聞いてくるかもしれません。さて、あなたなら何と答えますか？

ポイント53

「10人の命と10億人の命は、はたして秤にかけられるものだろうか？」という観点から想像させてみたいところです

第4章

能力を最大限に
発揮できる！
モチベーションを
高める質問

なぜ、モチベーションが必要なの？

いくら頭がよく、健康な身体をもっていても、本人がやる気にならなければ、高い目標にたどりつくことはできません。

私は心理カウンセラーや心理セラピストを養成するスクールを長年、運営しています。

その中で強く感じたのは、**結局はやる気のある人が目標にたどりつく可能性が圧倒的に高い**、ということです。

能力の高い人や心理職に向いている性格、経験をもった人はたくさんいますが、すぐさま他のことに目移りして、長続きしないケースが多いことに驚きます。

逆に、経験や目立った才能はなくても、粛々と努力を続け、モノになる人もいます。

では、こうした違いはどこから生まれるのでしょう？

それは、モチベーションが長続きするかどうか——。

これに尽きると私は考えています。

もちろん、忍耐力や覚悟なども関係しますが、モチベーションさえ持続できたら、立ちはだかる障害を乗り越えていける可能性がグンと高まると思うのです。

私が監修・指導・運営を務める心療内科クリニックにも、高学歴、高収入で誰もがうらやむような人生を送っているのに、どうにもやる気が出ない、頑張りたいのに頑張れない、という具合に心や身体に不調をきたしている患者さんがたくさんいらっしゃいます。

これまで人並み以上に努力して、頑張ってきた方々です。

私は、その原因は「燃料切れ」だと感じています。

私たち日本人は、子どものころから「努力すること」を推奨されてきた、**真面目な努力家**です。そうして、大人になり目標にたどりつく人もたくさんいます。

しかし、その後、うつ病や適応障害などの心身症にかかるなど、さまざまな問題を抱えることも少なくないのです。

平たく言うと、目標にたどりついた後、もしくはたどりつく前に**「バーンアウト」**してしまうわけです。とくに目立つのは、子どものころから**「親の期待に応えたい」**と頑張ってきていた人たちです。

もう1つ、気になるのは、**親から甘やかされて育ったケース**です。親の過保護から、大人になっても精神的・経済的に自立できず、何かを目指しても、ちょっとしたストレスに負けて、すぐに逃げたり、あきらめたりします。これもまたモチベーションが長続きしなくなる原因の1つです。

「親にやらされている」のではなく、**「自分がやりたい」「やらなくてはいけない」**という方向に意識を変えることが大切です。「やったほうがいい」のではなく、**「やり遂げたい」「何としてもやるんだ」**に変えることができれば、やる気は持続するのです。

そのためには、自分の心や身体を動かすための燃料が必要。

そもそも自分を動かす燃料の質が悪かったり、不十分だったり、他の人からいつも分けてもらわなければならないとしたら、とうてい、目的地にはたどりつけないでしょう。

前述したとおり、人生の鍵を握っているのは、潜在意識です。

というのも、自分を動かす最も大きなエンジンが潜在意識だからです。

つまり、この潜在意識というエンジンを動かし続ける燃料が必要なわけです。

そして、まさにそれこそがモチベーションです。

潜在意識の特徴の１つに、**「潜在意識は苦を避け、快を求める」**というものがあります。だから、目標に向かうことは、苦しいことではなく、心地いいことだと潜在意識に思わせることが肝心です。

この章では、お子さんの潜在意識にそのような刺激を与えるための質問をご用意しました。

楽しみに読み進めてください。

「心が強い子」に
育つ質問

54

モチベーション

これからの3年間、まったく勉強ができなくなるのと、毎日、学校や塾以外に5時間勉強しなくてはいけなくなるのとでは、どちらを選ぶ？

質問の意図と望ましい対応

勉強をしないとダメだということはわかっているけれども、毎日、土日も夏休みもお正月も休みなく5時間も勉強しなくてはならない……。

しかも、学校や塾の時間は除くのが条件なので、おそらく睡眠時間なども削らなければならないと思います。

現実問題としては、私自身は小さな子どもが休むことなく毎日5時間も勉強することについては反対の立場です。

なぜなら、子どもはその年齢に応じて、勉強だけではなく、さまざまな活動や体験をすることが大切だからです。また、睡眠時間もしっかりとる必要があります。

しかし、現代では中学受験をする子どもも多く、小学生のうちから、学校や塾以外でも勉強しなくてはならなくなっているようです。

この質問では、**勉強をまったくしないことで訪れる未来への不安とともに、自分の健康やメンタルなども考えながら、勉強と自由時間のバランスを考えさせます。**将来の成功のためにも、子ども時代を勉強漬けにすることは、実際にはかなり不健康なことです。

ポイント 54

大人はつい、「今、やらないと大人になってから後悔するよ」と言いがちですが、子ども時代の今しかやれないこともたくさんあります

「心が強い子」に
育つ質問
55

モチベーション

半年後、目が見えなくなるとしたら、あなたはその間に何をする？

質問の意図と望ましい対応

今まで目が見えていた人にとって、目が見えなくなるというのは、どれほど不安で恐ろしいことでしょう。

まず、これまで当然のようにできていたことができなくなります。本も教科書も漫画も読めませんし、YouTubeもゲームもスマホも見られません。自分の顔も家族の顔も見ることができなくなります。しかし、まだ6カ月の間だけは、見られる時間があります。

「お父さんだったら……。目が見えるうちに、点字を覚えたり、目が見えなくなってもパソコンが使えるように練習したいな」「ママは、すべての服のコーディネートをしておいたり、家族の顔を忘れないように、あなたの小さいころの写真や今のあなたをたくさん見ておくわ」など、真剣に考えた答えを提示してください。

「そうなったら、勉強なんかできなくなるよね?」などとお子さんが聞いてきたら、**「そうかな? 目が見えなくても勉強している人はたくさんいるはずだよ」「今までと同じようにはできないだろうけど、どんな方法があるかな?」**など、困難を克服する方向でも考えさせてみたいですね。

ポイント 55

私たちは健常であることが当たり前だと感じています。だからこそ、今、普通に目が見える状態の意味を少しでも考えさせましょう

「心が強い子」に
育つ質問
56

モチベーション

40歳になったとき、あなたは大金持ちになっていました。
どうして大金持ちになったと思う？

今度は、ワクワクする質問です。

「きっと何か起業して成功したんだよ！」と子どもが答えたら、**「そうかもね！　どんな会社をつくったと思う？」「素敵！　なぜそんな会社をつくろうと思ったんだろうね？」「社員は社長をどう思っているのかな？」**などと、どんどん具体的にイメージさせましょう。

「お金持ちになんてなりたくないけど」と言うお子さんは、経済的に恵まれた育ち方をしているためにハングリー精神がないのかもしれません。もしくは、お金に対するネガティブな思い込みがある場合もあります。

「お金は汚いもの」「お金持ちは幸せになれない」など、親が偏った信念をもっていると、それが子どもに受け継がれるケースは大変多いものです。

お金は物質でしかなく、お金自体が幸せにしてくれるわけではありませんが、**大切な存在を守ったり、時間を買えたりと、人生でとても役に立つものだと教えてあげてください。**

とはいえ、お金に振り回される人生ではいけません。

お金の正しい手に入れ方と使い方を子どもに学ばせましょう。

ポイント
56

ワクワクしながら、お金を稼ぐ。そして自分を幸せにする。さらには、社会貢献することを幸せだと感じる。そんな人に育てたいですね

「心が強い子」に
育つ質問
57

モチベーション

今から10分以内に将来の職業を決めたら、確実にその職業に就けるけれども、絶対に一生、その職業を辞めることはできないとしたら、あなたはどうする？

将来なりたいものが決まっているお子さんにとっては、即答できる質問かもしれません。
でも、一度その職業を選んだら、一生、辞めることはできないという条件がついています。「アイドル」「サッカー選手」「オリンピック選手」などは、なかなか一生やり続けるのはキツイかもしれません。

「パパは、小説家なんかがいいなあ……」「え？　でも、売れてる小説家にはなれないかもしれないじゃん」などと、親子でやりとりするのも楽しいでしょう。
また、**「ママはあなたくらいの年齢のとき、将来はかわいいお嫁さんになるのが夢だったの。でも、今は……。バリバリ働いていればよかったなあって思うの」**などと、「子どもも時代の夢は大人になると、もしかすると変わるかもしれない」ということを伝えてみましょう。

この質問は、もちろん今すぐ将来の職業を決めさせるためのものではありません。
いろいろな職業について考えさせ、**「自分の努力次第でどうとでもなるものだ」**と思わせられれば成功です。

ポイント57

10分という時間制限があるから、真剣に考えてしまいます。また、一生1つの仕事だけをしていく必要もないのだと感じてほしいですね

「心が強い子」に
育つ質問
58

モチベーション

1万円しかもたずに、自力で何とかして北海道(もしくは沖縄)まで行って、帰ってこなければならなくなったら、あなたはどんな方法を使う?

(この質問では、住んでいる場所を東京だと想定しています。お住まいの場所によって、目的地は柔軟に変更してください)

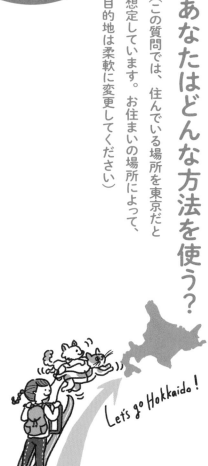

北海道と沖縄は、お子さんが行きたいほうを選んでください。
所持金は1万円しかありません。

さて、お子さんはどんな方法を考え出すでしょうか？

「ヒッチハイク」「自転車」、あるいは「1週間ずつ住み込みのバイトを探して、少しずつ進む」、または「まずは一気にバイトをして、お金を貯める」などといった答えが出るかもしれませんね。

しかし、小中学生だとバイトは難しいかもしれません。

「とにかく歩いて、毎晩、親切な人を探して、何かのお手伝いと引き換えに食事と宿泊をお願いする」「SNSで呼びかけて、援助をお願いする」「どうせだから、YouTubeに冒険談としてアップしながらスポンサーを探す」「歌を歌うなど特技を披露して、大道芸人のようにお金を稼ぐ」などなど、面白い発想が出てくるといいですね。

親としては、お子さんの答えに応じて、さらに話を進めていくといいでしょう。

ポイント 58

頭をひねったり、勇気を出したり、飛躍した発想をすることによって、逆境を克服できることに気づかせましょう

「心が強い子」に
育つ質問
59

モチベーション

世界の王様になれるとしたら、まず何をしたい？

世界の王様ですから、何もかもが思うがまま。自分が法律というところです。

さて、その立場を利用して、何をしたいと考えるか？

「まず、学校を廃止して、ゲームし放題にする」「大好きなアイドルグループに、自分だけのために毎日コンサートをしてもらう」「毎日、世界中の三ツ星シェフに3食つくってもらう」などと、子どもらしい願望も出てきそうですね。

「王様だから、世界中をよくするためのことをしないと、革命が起こっちゃうかもしれないよ」などと、王様としての権利だけではなく、義務にも気づかせましょう。

「とにかく世界中で戦争をやめさせる」とお子さんが答えたら、**「素晴らしいね。でも、なかなかやめようとしなかったら、どうするの？」「足を引っ張ろうとしてくる人もいるよ」**など、王様でいることの苦労も知らせてみましょう。

また、**「世界の人々に尊敬されるためには何をするの？」「仲の悪い国同士のためにはどんなことをしたらいいのかな？」**などと、さまざまな問いかけをして、お子さんなりの意見を考えさせてみてください。

ポイント 59

理想の世界を考えさせることとともに、「権利には必ず義務もついてくる」という現実にも気づかせたいところです

「心が強い子」に
育つ質問
60

モチベーション

半年後、歩けなくなるとしたら、あなたはその間に何をする？

質問の意図と望ましい対応

この質問では、**歩けなくなるという感覚や、それまでできていたことができなくなることに意識を向けて、半年という限られた時間の中で、何がしたいのか、何をしておくべきなのか**を考えさせます。

お子さんが答えに困っていたら、**「お父さんは、歩けるうちに日本中を自分の足で歩いてまわりたいな」「お母さんは、前からやってみたかったフィギュアスケートをしてみたい」**などと先導してあげるといいでしょう。

「そんなの嫌だよ。サッカーもできなくなるし……」などと言い出すことがあるかもしれません。

そんなときは、**「嫌だよね。お母さんだって嫌だ。でも、歩けなくても、サッカーができなくても、自分らしい人生を送っている人もたくさんいるよ。お母さんもそうなりたいな」**などと、現実を受け止めながらも前向きに考えることの素晴らしさを教えてあげてください。

ポイント
60

ハンデがあるからこそ、より濃密な人生を送れる可能性があることを示唆してあげましょう

「心が強い子」に
育つ質問

61

モチベーション

20歳から60歳まで働かなくても毎月30万円ずつお金がもらえるけれども、それ以外に働いても、それ以上のお金は絶対に入ってこない契約があるとしたら、あなたは契約する？

お金と時間について考えさせる質問です（ここでは、税金のことは考えないことにします）。大人でも、若い人ならば、迷ってしまう質問かもしれません。中年以降の方は「60歳以降はどうなるの？」と不安になる方もいるでしょう。

「30万円で生きられるの？」「うちって月にどのくらいお金がかかってるの？」などと現実的な質問が来るかもしれません。**どうぞ、できるだけ現実的に答えてあげてください。**

日本人の平均年収は４４３万円（厚生労働省 令和3年度 賃金構造基本統計調査）となっていますが、中央値は３９０万円程度となっており、月に30万円あれば、普通の生活は確保できるかと思います。しかし、もちろんそれ以外のボーナスなど他からの収入はいっさいないという設定です。ただし、働かなくてもいいので、時間が自由に使えます。

「もちろん、それを選ぶよ！ だって、働かなくてもお金をもらえるほうがいいじゃん」などと答えそうですね。その場合は、**「たしかにね。でも、結婚して子どもができたら、すごくお金がかかるし、年金をもらえるまでの間、無収入になっちゃうよ。だから、ある程度貯めて、投資してみるのもいいかも」**などと現実的な答えを言ってあげてください。

ポイント 61

お金をただ消費するのではなく、投資や貯蓄、働くことの意義、やりがいなどについても考えさせたいですね

「心が強い子」に
育つ質問
62

モチベーション

毎日、世界の時間を1時間だけ止められる力があったら、いつ、何をする?

この質問の意味は、**毎日、自分だけ25時間使える**ということです。

プラス1時間をどう使うのか？

「お父さんなら、絶対に毎日1時間を趣味に費やす！」「ママは韓流ドラマをもう1時間見る！」など、大人にとっても嬉しい時間になりそうです。

子どもならば、「友だちとサッカーをする！」「こっそりレストランに入って、ごちそうを食べてくる！」といった答えが予想されます。

1日の中で好きな時間を止められるならば、どんな時間にするのかでも、使い方は変わってきそうです。「ちょうど眠たくなる午後に昼寝時間にする」「(他の人の時間は止まっているわけだから）好きな人の部屋に行ってストーカーのように探索する」などといった感じですね。

ただし、1時間しかないので、あまり遠くに行くと帰ってこられないかもしれません。

毎日、1時間、自分だけ時間が増えることがどんな意味をもつのか？

これは、**時間の大切さをあらためて実感させ、かつ時間の使い方を考えさせる質問**です。

ポイント 62

時間の配分を考えずに、流されるままに生きるか？　それとも時間の配分を意識して生きるか？　それは自分次第です

「心が強い子」に
育つ質問
63

モチベーション

次の3つのうちのどれかをプレゼントしてくれるとしたら、どれを選ぶ？

・毎年、好きな洋服や靴、バッグ、帽子などを1200万円分プレゼント
・家賃100万円の家にずっと住み続けられる
・毎月、どんな店でも使える100万円分の外食券をプレゼント

これは、**「『衣食住』のどれを優先して生きますか？」という質問**です。

身に着けるものにこだわりがある人は「衣」でしょうし、とにかく素敵な家で暮らしたいという夢がある人は「住」、食べることが何より好きな人は「食」を選ぶでしょう。

「パパは……。靴が好きだから、1200万円分プレゼントを選ぶか」「ママは……。やっぱりタワマンに憧れちゃうなあ」など、本音でお選びください。

「僕は服も家もどうでもいいから、毎日、高級レストランとかお寿司屋さんとかで食べたい」などとお子さんが答えたら、**「それはいいねえ。でも、将来、奥さんとか子どもができたら？」**などと、さらに考えさせてみましょう。

身に着けるものは自分の心を上げてくれるかもしれませんが、外見ばかり立派でも中身が伴わず、経済的には火の車だったら……。毎日、暮らす場所は快適さと満足感を与えてくれますが、しょせん自分の財産ではないし……。食べることは大きな喜びですが、健康の問題もあるし……。

こんな具合に、**ものごとの表と裏**を想像させられるといいですね。

ポイント63

衣食住について、自分なりの優先順位を考えることの大切さや、そのどれをも手に入れることも可能であると感じさせましょう

「心が強い子」に
育つ質問
64

モチベーション

無人島でこれから一生、たった1人で過ごさなければならなくなり、3冊だけ本をもっていけるとしたら、あなたはどんな本をもっていく？

飽きないものを選ぶのか？　好きなものを選ぶのか？　役に立つものを選ぶのか？　考えどころです。

本のよさを知らないと、「んー、本なんていらないかも」などという悲しい答えもあるかもしれませんね。

「ママはねえ、大好きな俳優の○○さんの写真集をもっていって、元気を出すわ」「パパは、できるだけ厚い本がいいから、広辞苑かなあ。それから野草を使った料理本と、サバイバルの本だな」など、それぞれ用途を示してあげてもいいでしょう。

「kindleとかもダメ？」などと聞いてくる子もいるかもしれませんね。

その場合は、**「電気がないんだから、電子書籍はすぐに読めなくなるよ」**と無人島であることを意識させましょう。

「救助される可能性も考えて、英語の辞書をもっていって、勉強しておく」など、発想が未来の希望に向かうこともあるかもしれません。

本というものの魅力を親が教えてあげられると素晴らしいですね。

ポイント64

1冊の本が人生を変えることもあります。また、本が心のよりどころ、人生の指針になることもあります

「心が強い子」に
育つ質問
65

モチベーション

あなたが歴史上の人物の誰かになり、その人生を生きることになったら、誰になって、何をする？

お父さんならば、**「坂本龍馬!」「徳川家康かなあ」**などと答えるかもしれません。

お母さんならば、**「マリー・アントワネットになって、散財せずにいい王妃になって長生きする」**という答えがあるかもしれないですね。

もしも、お子さんが歴史をあまり知らないようでしたら、漫画でもいいので、**「歴史人物伝」**といった類の本を買ってあげてください。

「もし、自分がこの本の中の誰かになって生きるとしたら……」という視点で読むので、面白く読めるし、歴史の勉強にもなります。また、親もこの質問に答えるためにこの際、一緒に読んでもいいのではないでしょうか?

その時代だとどんな暮らしなのか、その人物はどんな立場で何をして、結果どうなったのかをまずは知らないと、答えられないですよね。

誰になって、何をしたいのか? それとも誰になれば楽に生きられそうか? 誰になれば理想の人生を送れるのか?

などなど、**自分が人生に何を望んでいるのかが少しだけ明確になる質問**です。

ポイント 65

歴史の結果を変えたいのか? 変えたくないのか? どうすればよく変えられるのか? と考えるだけでお子さんのポテンシャルが高まります

「心が強い子」に育つ質問

66

モチベーション

あなたが家族以外の存在に対してすごくかわいそうに思い、その「気持ち」が本物であれば、神様があなたに1億円をプレゼントしてくれます。しかし、その「気持ち」が本物でなければ、あなたは1年間、無料で労働しなければなりません。

さて、あなたは自分の「気持ち」を試してもらう？

もし、試すのであれば、何に対してかわいそうに思う「気持ち」にする？

ちょっと、こみいった質問です。つまり、自分が誰かに対して抱いている憐れみの情が本物かどうかを神様がジャッジするというわけです。

本物かどうかというのが、難しいところです。もし、かわいそうだと感じている気持ちが表面的なものであったり、自己満足的なものであったりすれば、それは失格です。

他者を心からかわいそうに思い、何かをしてあげたいと思う気持ちは、生きるうえでの大きなモチベーションになることはもちろん、将来の可能性をも広げます。

私は長い間、心理セラピストを養成するスクールを運営しています。心理セラピストを目指す多くの方が「誰かの心や人生を助けたい」と言います。それは素晴らしいことです。しかし、その気持ちが強いのならば、もうすでに何かの形でそれをしているはずです。

「〜があれば」「〜になったら」と思っている人は、いつまでたっても、他者を助けることはできません。たとえば、かわいそうな動物を助けたいと思っている人は、お金持ちでなくても、何の資格や立場をもっていなくても、すでに自分のお金や時間、体力を使って、何かの形で助けています。**気持ちが本物であれば、行動に移すのは容易なことなのです。**

ポイント66

自分を大きく動かす燃料は、たいていの場合、私欲ではなく、他者に対する憐れみや問題意識、使命感です

「心が強い子」に
育つ質問
67

モチベーション

この1年間のうちのどこかの日に戻って、やり直せるとしたら、あなたはどの日に戻りたい？

その日を

まず、1年を振り返ります。

お子さんの場合だと、平和に過ごしていれば、あまり思い出せないことでしょう。ただし、子どもながらに傷ついた体験や失敗したと感じていることがあれば、すぐにその日を指定してくるかもしれません。

この質問では、**何気なく過ごしている日常を振り返ることや、毎日を後悔しないように生きること**を考えさせます。

「お母さんは、おばあちゃんが亡くなる前の日に戻って、ちゃんと『ありがとう』って言いたい」など、深い思いを語ってあげるといいでしょう。

「私、去年のピアノ発表会の日に戻って、弾き直したいなあ」などとお子さんが答えたら、**「なるほどねえ。でも、あの日にちょっとだけ失敗したから、あの後、すごく練習して、今はもっと難しい曲が弾けるようになったんじゃない?」**などと、失敗や後悔さえも、未来の糧にできることを教えてあげてください。

ポイント 67

過去の振り返りで、「どうすればもっと満足できる結果が出せたのか?」、また、「失敗さえも活かせるものだ」という意識を育てたいところです

第5章

さまざまなストレスに強くなれる！ユーモア力を高める質問

なぜ、ユーモア力が必要なの？

ユーモアは、人間だけがもつ高度な感性です。

そしてユーモアのある人は有能で、自信があり、スマートな人だという印象を与えます。

なぜならユーモアを使うことで、相手をリラックスさせたり、楽しませたり、「また会いたいな」「交流したいな」と感じさせることができますからね。

しかし、そのユーモアは、人を傷つけたり、辱めたりするものであってはいけません。誰かが嫌な思いをすることのないような、品のいいものである必要があります。

その意味でもユーモア力の高い人というのは、ただ面白い人というのではなく、場の空気や相手の立場を察したうえで、そこにいる人たちが、明るく元気な気持ちになれるような言葉や体験を与えられる人です。

また、ユーモア力の高い人はレジリエンスの高い人だと言われています。

レジリエンスとは**「精神的回復力」**のこと。大きなストレスを受けた後や、傷つくような体験などがあっても、立ち直れる強い心があるということですね。

実際のところ、現代人はストレスと上手につき合っていける力が必要です。

ユーモア力があれば、落ち込むような体験や自信をなくすような出来事を、あえて自分の心の中でユーモラスに捉えてみることもできます。わざと自虐的なオチをつけて、心の中でくすっと笑うこともできます。

ただし、それは問題の重要性を無視したり、反省しないということではありません。

自分の心をごまかすためのものでもありません。

しっかりと反省した後に、いつまでも悲しみや無力感、悔しさに浸らず、次からはどうすればもっと上手にできるのかということを考えるために、早く気持ちを切り替えるためのものです。

したがって、ユーモアには**「多角的な視点」**が必要です。

いや、多角的な視点があるからこそユーモア力があるとも言えます。

加えて、**「柔軟性」**という能力も必要です。

たとえば、とても太い木であっても、乾燥していれば、嵐が来たときにポキッと折れてしまうかもしれません。

それに対して、柳の木などは、細く弱々しく見えます。

たしかに嵐が来ると、へなりと垂れ下がりますが、嵐が去ってしばらくすると、またすっくと起き上がり、元の姿に戻ります。

レジリエンスの高い人とは、ちょうどこんな感じの人のことです。

ユーモア力という、人と自分を楽しませる力——。

この力は、たくましく、幸せな人生を送るために欠かせないものです。

笑うだけで免疫力が上がることは、科学的にも実証ずみ。

人生の中にどれだけ笑いを取り込めるかということは、とても大きな課題なのです。

この章では、お子さんにくすっと笑ってしまうような質問を投げかけ、潜在意識にユーモアの種をまきます。

どうぞお子さんと一緒に、笑いながら答えを出してみてください。

「心が強い子」に
育つ質問
68

ユーモア力

誰かを召使いにできるとしたら、誰にする？

質問の意図と望ましい対応

「お父さん！」「お母さん！」などと言われても、どうぞイラッとせずに**「何でまた？」**と聞いてあげてください。少なくとも、役に立たないとは思われていない証拠です。

「お母さんだったら、近所のマッサージ屋さんの○○さんだわ。毎日マッサージ三昧の生活を送るの」「パパは絶対にうちの部長を召使いにしてやる！」などとユーモア交じりに盛り上げてみてください。中には、「召使いって、どんなことをしてくれるのかなあ？」などと首をかしげるお子さんもいるかもしれません。その際には、**「まあ、きっとたいていのことはしてくれるよ。どんなことをしてもらいたい？」**と聞いてみてあげましょう。

「まずは代わりに宿題をやってもらって……。家の風呂掃除当番も代わってもらおう……。あとは、あ、大人になったら代わりに会社に行ってもらおうっと」などと面白いことを言い出すかもしれません。親としては、つい「この子は！　仕事までやらせようなんて、どこまで怠け者なの！」と言いたくなるかもしれません。

でも、ここはぐっと抑えて、**「わかるよー。パパも週末の皿洗い、やってもらおうかな」**などと、お互いの気持ちをわかり合う時間にしてみてください。

ポイント68

ときには「召使いがいたら」という設定の中で、笑い合いながら、グチを言い合うのもいいものです

「心が強い子」に
育つ質問
69

ユーモア力

これから先、一生、今よりも身体が
10倍大きくなって暮らすのと、
10分の1に小さくなって暮らすのと、
どちらかを絶対に選ばなければ
ならないとしたら、
どちらを選ぶ？

どちらにもメリットとデメリットがありそうですね。

身体が大きくなれば、他の人よりも間違いなく強くなれますが、その分、脅威に感じられて攻撃されるかもしれません。また、洋服も靴もすべて10倍の大きさのものを用意する必要がありますし、そもそも家やお風呂、トイレも困りますよね。

身体が小さくなれば、誰にも気づかれることなく、電車や飛行機に乗って、どこでも行けそうですが、犬や猫だけではなく、昆虫さえも脅威になります。

「お母さんは小さくなりたいわ。だって、高級なケーキだって10倍の大きさになるし、今の家だって、ものすごく広くなるってことでしょう」「お父さんは大きくなるほうかなあ。今の1歩が10歩になるから、あっという間に目的地に着けるしね」など、独創的な答えを楽しんでください。

「大きくなったら、食べ物とか、家とか、どうなるの?」とお子さんが聞いてきたら、**「そうだなあ。力はすごくあるだろうから、思いきって、たくさん木を切り倒して、すごく大きな家を建ててくれ!」**などと、一緒に対策を考えてみましょう。

ポイント69

大きくなったときと小さくなったときの両方の生活を具体的にイメージして、有効に使う方法や問題の解決法を話し合うといいでしょう

「心が強い子」に
育つ質問
70

ユーモア力

1つだけ法律をあなたが自由に定められるとしたら、どんな法律をつくる？

「宿題は絶対に出してはいけない、という法律にする！」「親は絶対に子どもが欲しがるものを買わなければならない、という法律にする！」など、子どもらしい答えが出てきそうです。負けずに親も、自由な気分で**「子どもは親の言いつけは死んでも守ること！」「子どもは就職後、給与の3分の1を親にあげること！」**などと提案してみましょう。

「法律って何？」と聞いてくるかもしれません。その場合は、この機会に教えてあげるといいでしょう。えっ？　もしかすると、私たち親も勉強が必要かもしれませんね。

でも、そこにこだわる質問ではないので、ご安心ください。

とにかく、自由に面白おかしく新しい法律をあれやこれやと考えてみましょう。

もちろん、ふざけてばかりではなく、「70歳以上の人は運転免許を返還」「ネットでの誹謗中傷は最低3年以上の禁固」など、社会問題についての新しい法律でもＯＫです。ユーモア満点に、ありえない法律を言い合うのもよし。真剣に、社会をよりよくするための法律を考えるのでもよし。

さまざまな切り口からアイデアを出し合いましょう。

ポイント70

法律という一見、堅いテーマでも、頭を柔らかくして楽しみながら考えると、意外と的を射たアイデアが出るものです

「心が強い子」に
育つ質問
71

ユーモア力

これから一生、お米は好きなだけ食べられますが、おかずは何か1種類だけを食べ続けなくてはなりません。あなたなら、どんなおかずを選ぶ？

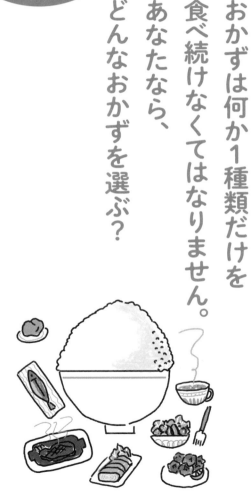

さて、どんなおかずだったら、一生、飽きずに食べられるでしょうか？

それとも、栄養のバランスを考えたおかずを選ぶでしょうか？

「特上握り、ってのもアリ？」「お刺身の盛り合わせは？」「おせち料理は？」など、苦肉の策も出てくるかも。

「お！　考えたな。でも、それはナシでいこう」などと、アリかナシ、両方のパターンで考えてみましょう。

「ねえ、今、何と何で迷っている？」などと、途中で聞いてみても楽しいかもしれません。「明太子にするか、イカの塩辛にするか……」「卵かけご飯にするか、うーん。キムチにするか……」など、それぞれの利点を語っても楽しいですね。

もちろん、この質問は、どちらがより健康にいいおかずを選べるかを競うものではありません。**お互いに想像し合って、楽しむものです。**

同じテーマで、「味噌汁の具」や「おにぎりの種類」「水以外の飲み物を１つ」「パンの種類」「ケーキの種類」など、いろいろ条件をつけていくのもおすすめです。

ポイント 71

摂食障害など食べることに抵抗がある子にとっては、苦痛を伴ったり、むしろ過剰に熱心になる可能性があるので要注意です

「心が強い子」に
育つ質問
72

ユーモア力

今から好きな名前に改名できるとしたら、どんな名前になりたい？

質問の意図と望ましい対応

今は〝キラキラネーム〟などと呼ばれる、個性的な名前も多いようです。

私たちにとって、**名前はアイデンティティの1つ**ですから、自分の名前を気に入っている子は、とてもラッキーです。しかし、逆に「どうしてこんな名前にしたんだよ」と親に不満を感じている子も少なくありません。

この際、ざっくばらんに話し合ってみてはどうでしょう？

「私は、自分の名前を嫌いじゃないけど、おばあちゃんになったときに、少し恥ずかしい気がするから、○○とかがいいわ」「僕は、あまり人とかぶらない名前がいいから、○○だな」などとお子さんが自分の理想の名前を言ってきたら、**「なるほどねえ。たしかにそれはあるかもね。あなたの名前は□□な思いでつけたんだけどねぇ」**などと、その名前にこめられた思いなどを、押しつけがましくならないように話してあげてください。

そのうえで、**「お母さんは、シャーロットとか、エミリーとかに憧れるわ」「パパは、家康とか信長とか、出世しそうな名前にしようかなあ」**などと楽しめると、なおいいですね。

あるいは、**「じゃあさあ、苗字だったらどう？」**と話を広げるのでもいいでしょう。

ポイント72

「選択的夫婦別姓」問題もありますから、苗字についても話し合ってみると、将来、どうしたいのかという意識が芽生えます

「心が強い子」に育つ質問

73

ユーモア力

あなたがお笑い芸人になるとして、誰かとコンビを組むとしたら、誰を選ぶ？

ユーモア力の高い子にとっては、面白がる質問でしょうし、そうではないお子さんにとっては、困った質問かもしれませんね。親御さんにとっても、同じでしょう。

中には、「お笑い番組なんて低俗なものは、子どもには見せません」という親御さんもいらっしゃるかもしれません。

でも、健全なお笑い番組は、家族みんなを笑わせてくれる、いいツールです。

ユーモア力も高めてくれますよ。

お子さんが「僕だったら、〇〇君だな。だって、隣にいるだけで笑いがとれるからねえ」と言ってきたら、**「パパは、パワハラ部長を相方にして、ボケ役になってもらうよ。そして、ハゲ頭をペチペチ叩きながら、ツッコミをする」**と返すなど、自由に楽しんでください。

もちろん、選ぶ人を増やして、トリオやグループにするのも可能です。

そして、「じゃあ、僕、パパとママと3人でやろうかな。そして『生まれてくる家を間違った！』ってオチにする？」などと、大いに盛り上がってください。

ポイント 73

どんなお笑いを提供したいのか、どんな人となら、たくさんの人を笑わせられるのか、を考えるだけでもユーモア力は高まります

「心が強い子」に
育つ質問
74

ユーモア力

ある年齢で時が止まり、その年齢で一生を生きることになったとしたら、あなたは何歳を選ぶ？

質問の意図と望ましい対応

中年以降の大人ならば、過去の自分を振り返って、一番よかった時代の年齢を選ぶかもしれませんね。でも、**子どもは未体験の年齢を選ぶ可能性が高い**です。

中には、「えーっと、3歳かなあ。だって、抱っこしてもらえるし、甘やかしてもらえるから」と答える子もいるかもしれません。その場合は、もしかすると親の愛情に飢えている可能性があります。

また、お子さんからなかなか答えが出てこないようであれば、**「パパはやっぱり30歳くらいかなあ……。あ、でも、80歳くらいだったら、いつも親切にしてもらえるのかなあ」**などと、いろいろな可能性を先に提示してみると、答えやすくなるでしょう。

「コナンみたいに『見た目は子ども、頭脳は大人』みたいなのもいいかも」などと答えたら、**「面白いね。でも、それじゃあ結婚できないよ」**とツッコミを入れてみましょう。

「ママは今よりも20キロも痩せてて美しかった20歳のころよ。いや、やっぱり大人の魅力も出てきた35歳くらいがいいかしら……」という具合に、さまざまな年齢の姿でいることの可能性を話し合ってみてください。

ポイント 74

親が「○○歳のころは……」と話しながらユーモアを楽しむ姿こそが、子どものユーモア力を育みます

「心が強い子」に
育つ質問
75

ユーモア力

これからあなたがアニメか漫画の世界に入り、その主人公、もしくは登場人物として生きていかなければならないとしたら、あなたは誰になる？

『鬼滅の刃』『チェンソーマン』など比較的最近のもの、さらには『ドラゴンボール』『ドラえもん』なども共有しやすいかと思います。

「ママはしずかちゃん。かわいいし、頭もいいし、お金持ちそうだし……。あ、将来はのび太と結婚しないで、できすぎ君と結婚するわ」「じゃあ、パパはできすぎ君にすればいいかなあ？」など、ツッコミを入れながら楽しんでみてはいかがでしょう？

アニメや漫画は、今や日本を先導してくれる大切な文化です。自分の好きなキャラクターたちについて親と語れるのは、子どもにとって、ワクワクする時間になるはずです。

時々、「子どもに『ドラえもん』は見せません。のび太のように依存する子になってほしくないから」などという親御さんにお会いします。

しかし、みんなが見ているものを見ていないと、楽しく会話できませんし、世の中のマイナス面を見せないで育てると、免疫力のない子になってしまいます。

よい点、悪い点をきちんと自分で判断できる子にするためにも、ある程度、他の子どもたちが体験していることはさせるべきです。

ポイント 75

子どもが反抗期になり、会話も減りがちになったら、あえてこちらから子どもの世界に入り、くすっと笑い合えるひとときをつくりましょう

「心が強い子」に
育つ質問
76

ユーモア力

今の家族にもう1人家族を増やさなくてはならなくなりました。あなたは誰が欲しい？兄弟はもちろん、お父さん、お母さんも今から増やすことができます。

お父さんやお母さんをもう１人追加してもＯＫですので、「それはパパだよ。もう１人、パパがいたら、働く人が増えるんだから、うち、お金持ちになるし、どっちかに遊んでもらえるしさ」などと答えるお子さんもいそうです。もちろん、この場合は今のパパが２人になるのではなく、別の人をもう１人、パパにするということです。

「私、おばあちゃんがいいなあ。小さいころに死んじゃったから」などと、しんみりする答えも出てくるかもしれませんね。

ただし、この質問の場合、「〇〇なパパ」「〇〇ができるママ」という条件は認められていません。

新しい家族がどんな性格なのかは、わからないのです。

「それなら、かわいい赤ちゃんがいいなあ」とお子さんは言うかもしれません。**「えー！　ママ、今から赤ん坊は育てられないわよー」「パパは……。とにかく、手のかからない子がいいな……」**などといったシビアな回答も、どうぞご家族で笑いに変えてしまってください。

ポイント76

バカを言って笑い合いながらも、お子さんの寂しい気持ちや願望を垣間見ることができるかもしれません

「心が強い子」に
育つ質問
77

ユーモア力

あなたは、家族にドッキリを仕掛けなくてはなりません。家族の誰にどんなドッキリを仕掛ける？

いたずら心は、自由な発想と、楽しみたい、楽しませたいという思いから生まれます。

あまりにも人を傷つけたり、危険を伴うようなドッキリはいただけませんが、ちょっと茶目っ気のあるドッキリならば許してもらえるはず。

「じゃあ、パパはママに『宝くじで1000万円当たったよ』っていうドッキリを仕掛けようかな」「パパ、それドッキリだとわかった時点で、ママにかなり叱られるんじゃない？」「……そうだな」という、やりとりもありそうです。

「パパだったら、ママだったら、お兄ちゃんだったら、何が起こったらびっくりするかな」と考え、その後、それがドッキリだとわかったときの相手の反応を想像すること。さらには、どの程度のドッキリだったら、相手を傷つけたり、がっかりさせたり、驚かせすぎないですむのかを考えること。

これらは、すべて幅広い視点や創造性、柔軟性を着実に育みます。

また、「大喜びさせてからのがっかりよりも、がっかりさせてからの安心のほうが罪がないかもしれない」などと、相手の気持ちに配慮できるきっかけになるかもしれません。

ポイント77

家族ならではのドッキリを考えさせることで、「どの程度までがジョークとして許されるのか？」という、ユーモアのルールを身につけさせます

「心が強い子」に
育つ質問
78

ユーモア力

大食い大会に参加して、10人中3位以内に入らなければならなくなったら、どんな食べ物を選ぶ？

質問の意図と望ましい対応

大食いや早食いは健康に悪いので、実際にはやらせることはできませんが、想像するだけならば、面白い会話になります。

「僕は、絶対に寿司だよ！　だって回転寿司で50貫は楽勝だからね」「ママはケーキね。バイキングで鍛えているから」「お父さんは大好物のラーメンだな」など、それぞれエントリーする食べ物を話し合うだけでも楽しいものです。

一通り終わったら、「じゃあ、早食い大会だったら？」とテーマを変えてもいいかも。

「早食いだったら……。そりゃあ、スイカだろー」「ママはソフトクリームかなあ……。でも、美的にどうかなあ……」など、これまた盛り上がりそうです。

「優勝したら何がもらえるの？」などの質問もありそうです。

「じゃあ、100万円もらえるとしたら、ということにしようか」などと、家族で気持ちが上がる設定を決めましょう。食べ物の話はどんな話でも盛り上がるものです。

ただ、前述したとおり、摂食障害などを抱えている人にとっては、触れてほしくない話題であったり、逆に過剰に興味がある話題になるかもしれません。

ポイント78

もちろん、「大食いや早食いは健康を害するから絶対にダメだけどね」とクギをさしておくことを忘れずに！

「心が強い子」に
育つ質問
79

ユーモア力

超能力を1つだけ使えるようになるとしたら、次の3つのうちのどの超能力を選ぶ？

・瞬間移動（どこにでも一瞬で移動できる力）
・読心術（相手の考えていることがわかる力）
・透視（人が見えないものが見える力）

「瞬間移動に決まってるじゃん。起きたらすぐに学校に移動できれば遅刻しないし」「読心術があれば、パパの営業の仕事では必勝だよなあ」「ママは透視よ。人が見えない背後霊とかを見て、スピリチュアルカウンセラーとして大稼ぎするわ」などなど、想像をふくらませられる質問です。

「それぞれの超能力をもつと、どんなことができそうか？」、逆に**「困ることがあるとしたら、それはどんなことだろうか？」**などを話し合ってみてください。

「瞬間移動はどこにでも旅行できるから便利だけど、たまたま移動した場所に嫌いな人がいたらどうなる?」「読心術は、聞きたくない相手の心の声も聞こえちゃう」「透視術は、悪霊とかも見えるから怖い」など、メリットとデメリットの両方を想像してみましょう。

超能力だけではなく、タイムトラベルやパラレルワールドなどSFの世界をテーマにして話し合うことは楽しいだけではなく、柔軟で幅広い考え方も育みます。

あるいは、少しずつ量子力学なども発展し、未来では、現実のことになる可能性が大きくなってきたことなどもお子さんに話してあげるのはいかがでしょうか?

ポイント79

発想を未知の世界に広げる習慣はユーモア力を飛躍的に伸ばします

＼「心が強い子」に／
育つ質問
80

ユーモア力

明日から1年間、同じ服装で過ごさなければならないとしたら、あなたはどんな服装を選ぶ？

質問の意図と望ましい対応

昔のアニメの世界のキャラクターたちは1年中、ほとんど同じ服装でしたよね。一昔前の日本の子どもたちも、今のようにたくさんの洋服の替えをもっていなかったので、何枚かの服をルーティンで着まわしていました。

また、**日本は四季のある国**です。

そんなことも考えながら話を進めてもいいかもしれません。

「服の上にダウンとか着て、夏になったら脱ぐのはアリ？」などの質問がありそうです。

ここは、あえての「ナシ」でいってみましょう。そのほうが面白くなりそうです。

「僕はぶかぶかのレインコートにするよ。冬も何とかなりそうだし、夏はブカブカだから、中に小さい扇風機を入れるよ」など、奇想天外な発想が出てくるかもしれません。

「それならお母さんは着物にしてみようかしら。昔はみんな着物だったし。参観日やお呼ばれのときにも大丈夫だし、夏になったら、思いっきり襟や裾を広げて……。たすき掛けとかして……」「お父さんは会社があるから、スーツしかないじゃないか……」

それぞれの立場に応じて、お互いにアイデアを出し合ってみてください。

ポイント 80

制限がつけばつくほど、考えなければならないことが増えるため、今までにない発想が生まれやすくなります

「心が強い子」に
育つ質問
81

ユーモア力

家族を家電にたとえるとしたら、それぞれ何の家電だと思う？

家電好きには、楽しめる質問かもしれないですね。これは、**それぞれの家電の特徴を考えたり、もしかすると、そのお宅独自の家電の癖や状態も活かせる質問**です。

「パパが思うに、ママはエアコンだと思うなあ。だって、温かく家族を温めるからね。あ、冷たい空気にするところも同じだ」「パパはパンパンに食べ物が詰まっている、わが家の冷蔵庫だわね」「冬しか登場しないコタツは、お正月にだけ会えるおばあちゃんかな」「いつまでも鳴りやまない目覚まし時計は、まるでママの声だ」など、家電の特徴を活かしたマッチングができるでしょうか。

日ごろからちょっとユーモアに欠ける家庭では、このような何かにたとえるとか、ちょっとブラックユーモアを含ませるなどということが苦手かもしれません。

気をつけたいのは、家族の誰かを傷つけたり、非難しないようにすることです。

とはいえ、「こんなことを言ったら、お父さんはものすごくキレるだろうから、何も言えない」などというようなブレーキがかかると、まったく楽しめないはずです。

親は家族で楽しむときとそうでないとき、また限度というものを教えてあげてください。

ポイント 81

親がすぐにキレるようでは、子どものユーモア力は育ちません。自分自身の「ほどほど」が世間一般程度なのかどうかを見つめてみましょう

「心が強い子」に
育つ質問
82

ユーモア力

今の自分のまま、お笑い芸人、大工さん、スポーツ選手、看護師さんのうちのどれかの職業で生きていかなければならなかったら、どの職業を選ぶ？

これは、**自分の性格や好みを考えながら、答えなければならない質問**です。

悩ましいところですね。

「お父さんは、もう少し若かったら、スポーツ選手だけどなあ。今なら大工さんかなあ。でも、不器用だからなあ。看護師さん……。うーん……」「お母さんは看護師！　と言いたいところだけど、血が怖いからお笑い芸人で生きるわ」など、４つの職業しかないわけですから、どこかで英断というか、あきらめというか、そんな決断が必要になるかもしれないですね。

お子さんが「僕は絶対にサッカー選手だよ」と言ってきたら、**「いいなあ、若くて。でも、サッカー選手はいつまでもやれないし、収入に大きな差があるぞ」**などとツッコミを入れて考えさせてみるといいですね。

ただ、好きだから選ぶのか？　一生のことを考えて堅実な職業にするのか？

とはいえ、看護師さんなどは人の命を預かる責任も発生すること、お笑い芸人は売れなかった場合、かなり経済的に困窮することなども説明する必要があるでしょう。

ポイント82

ワイワイと楽しく考えてみるだけで、お子さんの潜在意識には「今からならば何にでもなれるのだ」という気持ちが植えつけられます

第6章

人間関係で困らない！コミュニケーション力を高める質問

なぜ、コミュニケーション力が必要なの？

私たち人間は社会的な生き物です。

1人で生きているつもりでも、何かしらの形で他者と関わり合って生きています。

何度かお伝えしているように、私は潜在意識を扱う心理セラピストとして25年ほど、じつにたくさんの方の人生に関わらせていただきました。

「人間の悩みの90%以上は人間関係にある」と言われているように、配偶者、子ども、親、職場の上司、同僚、部下、友人などとの関係性が心や身体の問題の原因であることは驚くほど多いものです。

逆に言うと、**仕事や人生で何かしらの障害が出てきても、周囲との人間関係さえよければ、乗り越えていけることがほとんど**だということです。

しかし、現代では**「コミュ障」**などと言われる、人間関係がうまくいかない、コミュニケーション力が低い人たちがとても増えています。

それが原因となり、適応障害、うつ病、過敏性腸症候群、パニック障害、その他もろもろの病気になっている方も少なくありません。

学校でも家庭でも成績のほうに気が向いてしまって、なかなかコミュニケーション力を育むことまでには気が回らないのが親としての実情ではないでしょうか？

と同時に、親自身のコミュニケーション力が低いと、子どものコミュニケーション力も低くなる傾向があります。

ですから、親もコミュニケーション力を上げることによって、子育ての悩みが減るのは間違いありません。

また、社会に出てから本当の意味で成功するのは、ＩＱの高い人よりも**「ＥＱ（心の知能指数）」**が高い人であると言われています。

ＥＱとは、他人の感情を感じ取る能力（共感力）や、自分の感情をうまくコントロールできる能力です。

しかし、**「コミュニケーションの質は、いつも受け取り側が決める」**と言われているように、いくら自分としては相手が喜ぶようなことを言っているつもりでも、それが相手にとって気分の悪いものであれば、それはいいコミュニケーションとは言えません。

つまり、**いくら共感力が高くても、それを上手に表現できる力がないと伝わらない**のです。この場合の表現力とは、言語能力や表情などです。相手の表情や空気感を読みながら、こちらの言葉や表情もコントロールしてやりとりできることが大切です。

コミュニケーション力を高めるトレーニングはたくさんありますが、最も大切なのは、**「相手のことを思いやれる心」**と、愛情や感謝、親切、関心、承認などを欲しがるばかりではなく、**「こちらから惜しみなく与える力」**です。

「give & take」とはよく言ったもので、giveが最初なのですね。

まずは、こちらから与えること。その際、takeという見返りは、できるだけ求めない。

私が今まで生きてきて、「ああ、この人は優しいなあ、素晴らしいなあ」と思う人たちは、こちらが気づかないように、こちらの負担にならないような形で、そっとこちらが必要なものを差し出してくれる人たちでした。

本当の優しさとは、誰にも気づかれないかもしれないし、感謝の言葉さえもらえないかもしれないけれども、その人にとってはとても必要なものをさりげなく与えられることなんだなあ、と感じます。

そして、私もそんな人を目指しています。

この章では、お子さんが将来、周囲の人から愛され、信頼され、認められるためのコミュニケーション力を育む質問をご用意いたしました。

さあ、いよいよ最後の章です。

これまでと同様、親子で楽しみながら、質問に答えてみてください。

「心が強い子」に育つ質問

83

コミュニケーション力

成績も顔もスタイルも抜群によくなるけれども、みんなに嫌われ、友だちが1人もいなくなる生活と、成績も顔もスタイルも普通よりもちょっと下になるけれども、みんなから好かれ、友だちがたくさんいる生活とでは、どちらを選ぶ？

日ごろから友だちの大切さを痛感している子は、「友だちから好かれるほうがいい」と答えそうです。

友だちよりも成績や顔、スタイルがよくなるほうを選んだ子には、**「そうなの？　でも、みんなから嫌われてしまったら、学校に行ってもつらいんじゃない？」**と聞いてみてください。もしかすると、それ以上につらいコンプレックスを抱えている可能性もあります。

「ママは、子ども時代だったら、友だちを選ぶかなあ。でも、今は主婦だから家族さえいればいいかも」「お父さんは顔やスタイルにはこだわらないけど、成績が悪いって、今だったら、つまり営業成績のこと？　それなら困るなあ」などと、親から本音を言ってあげてはどうでしょう？　そうすることによって、お子さんも本音で答えやすくなります。

小学生以上のお子さんであれば、**親が思っている以上に友だちがいない寂しさやみじめさをリアルタイムで体験中**なのかもしれません。

もし、そんなお子さんの気持ちに気づいたら、さりげなく共感を示して、どうすればいいか、一緒に考えてあげてください。

ポイント 83

子どもがいじめを受けていたら、親として最善の対策をしたうえで、家庭だけは子どもがホッとできる場にしてあげましょう

「心が強い子」に
育つ質問
84

コミュニケーション力

トークで5人の人を楽しませなければならなくなったら、あなたは何の話をする?

トークで人を楽しませるコツの1つは、自分自身が楽しむことです。

しかし、自分だけが楽しんでいて、周りを置いてきぼりにしているのでは、それは自己満足に過ぎません。

また、トークで楽しませる方法は、必ずしもお笑いだけとは限りません。

とても感動する話や、興味深い話でも十分に楽しんでもらえるものです。

大事なのは、**楽しませる相手が誰なのか、相手が興味のあることを知っているのか、そしてそこに思いが馳せられるのかどうか**です。

さらには、楽しませる必要がある5人は、何か同じ目的をもって集まった人なのか、お互いにまったく知らないランダムに集められた人なのかによっても違います。

何か共通点がある人たちならば、その共通点を活かすべきですし、ないならば、どんな人でも楽しめるようなテーマを探す必要があります。

「僕、そんなときのために、誰でも笑えるネタを仕込んであるんだ！」

いつかは、こんなことを自信満々で言えるようになるといいですね。

ポイント84

相手がどんなことをしたら喜ぶのか、楽しんでくれるのかということに思いを馳せられる人は、当然のことですが好かれます

「心が強い子」に
育つ質問
85

コミュニケーション力

この先の一生、たった1人の人としか話すことができないとしたら、誰を選ぶ？
ただし、話すという行為としては、メールやLINEなどのSNS、筆談、電話も含むものとします。

まだ小さなお子さんでしたら、「ママ！」などと嬉しい答えが返ってきそうですね。

でも、少し大きいお子さんならば、「今はママだけど……。将来はもしかすると、結婚した人になるかも」などというシビアな答えになるかもしれません。

いずれにしても、**「たった1人としか話せなくなる」という状態をイメージしたときに、初めて「それは不便だなあ」とか、「寂しすぎる」などと、いろいろな感情が沸き起こってくる**ものです。

現実にはよほどイレギュラーなことにならないかぎりは、こんな困難な体験はしなくてすみますが、メールや電話、筆談などがなかった時代には、聴覚障害をもった人などは、もしかするとこれに近い閉ざされた世界で暮らしていたかもしれません。

一方、話すことはNGですが、その他の人に対して表情やボディランゲージは使えるとしたら、どうでしょう？

じつは、表情やボディランゲージだけでも、たくさんのことを伝えられます。

お子さんには、そんなことを教えてあげてもいいですね。

ポイント85

たくさんの人と会話をできることの素晴らしさや、会話以外でのコミュニケーションの可能性や重要性にも気づかせたい質問です

「心が強い子」に
育つ質問
86

コミュニケーション力

幼稚園生くらいの女の子が夜の公園で、1人ぼっちでシクシク泣いています。この女の子はなぜ泣いていると思う？

質問の意図と望ましい対応

これは、**小さな女の子の「涙の理由」を考えさせる質問**です。と同時に、じつはこの質問、私が運営する心理セラピスト養成スクールの講座で使っている課題でもあります。

お子さんの年齢によって、答えはかなり違ってくるだろうと思われます。

小さなお子さんだと、「夜だから泣いているんじゃない？　暗いし、怖いから」と答えるでしょうし、大きなお子さんは、「親に捨てられて、帰る家がないんだよ。親が迎えにきてくれるのを待っているんじゃないかな」などと、泣いている女の子の気持ちや状況を想像できるかもしれません。

もちろん、この質問にも正解はありません。

女の子が泣いている理由を、できるだけたくさん出してもらうことが目的です。

小さなお子さんには、**「そうかもね。でも、なぜおうちに帰らないのかな？」「なぜこんなに小さいのに１人なのかな？」**と、さらに質問を重ねて、いろいろ考えさせましょう。

大きなお子さんには、**「すごい推理力だね。どうして親は捨てたんだろうね？　捨てられたのに、なぜこの子は親を待っているんだろう？」**と話を掘り下げてみてください。

ポイント86

悲しみ、不安、怒り……。この質問を通して、人の感情の複雑さを少しずつ理解させていきましょう

「心が強い子」に
育つ質問
87

コミュニケーション力

ものすごく上手に人を褒められる能力と、ものすごく上手に人に謝れる能力だったら、どちらが欲しい？

これら2つの能力は、大人なら、ぜひとも欲しいところです。

しかし、両方の能力を備えている人は少ないものです。

「えー、どっちもそんなに欲しくないなあ」とお子さんが言ったら、人を褒めることのメリットと、謝ることの大切さをしっかりと教えてあげてください。

「お父さんは、どっちも欲しいなあ。だって、人を上手に褒められたらさ、たぶん、こっちのことを『いい人だなあ』って思ってもらえるし、仕事で失敗したときにこちらが本当に申し訳ないって思ってても、それが伝わらないと、それでもうチャンスがなくなっちゃうからね」といった具合です。

「じゃあ、私は謝る能力にする。そしたら、ママはいろいろ許してくれるんでしょ?」

「じゃあ、パパもそうするかな」などという話に進むかもしれませんね。

「何言ってんの! そんなズルい考えじゃあ、上手に謝れないわよ」「じゃあ、上手に謝るって?」

ぜひ、このように親子で一緒に考えてみてほしいと思います。

ポイント 87

この2つを上手に実行するコツの1つは、たくさんの言葉や美しい言葉を使うのではなく、心からその思いを伝えることです

「心が強い子」に育つ質問

88

コミュニケーション力

世界中の同年齢の人たちが集まって、平和のための話し合いをすることになりました。あなたは、あなたの年齢の日本代表として参加することに決まりました。さて、あなたは日本代表として、何を話す？

また、世界中の同じ年齢の人たちと話すとき、どんなことに気をつける？

「平和」について考えるということは、当然ながら、**「戦争」**についても知らなければいけません。

日本が唯一の被爆国であることや、今、ウクライナではまさに戦争の真っ最中であることなどを、お子さん自身で考えつければ素晴らしいことです。

そして、**世界中の同じ年齢の子どもたちと話すうえで、何に気をつけたいのか、何が必要なのか、などにも意識を向けられると、さらにコミュニケーション力はアップ**します。

「戦争をすると、たくさんの人たちが苦しんで死ぬから、どうやったら戦争にならないかを子どものときから世界中の人たちと話したい。そうすれば、わかり合えると思う」「世界中の文化を先に学んでおいて、失礼のないようにする」「挨拶だけでも外国語でできるようにする」「ニッコリと笑えるようにする」など、**知らない国の人たちとの良好なコミュニケーション**を考えさせてみましょう。

子どものころから、対立を避けながら、お互いに納得がいく話し合いのできる方法を身につけさせたいところです。

ポイント 88

まずは相手の話を受け止めること。そのうえで、相手とケンカにならずにわかり合えるような交流をするよう促しましょう

「心が強い子」に
育つ質問
89

コミュニケーション力

あなたの身に10個の小さな不幸な出来事が起こることと引き換えに、あなたが助けたい人を1人だけ助けられるとしたら、あなたはどうする？

当然、「えっ！　10個も？　不幸なことって、どんなこと？」と聞きますよね。それから、「そうまでして、助けたい人なんていないもん」――これも言いそうですよね。

「小さな不幸だから、お金を落とすとか、忘れ物をするとか、お母さんに叱られるとか、そんな程度だよ」「ええー？　じゃあ、やっぱり嫌だ」などと答えるかもしれません。

そんなときは、**「でも、その程度の小さな不幸で、誰かの命を救えたりしたら、すごくない？」**などと揺さぶってみてください。

たしかに、なかなか「はい、助けます」とは言えないかもしれません。

でも、子どもも大きくなるにつれて社会問題にも詳しくなっていますから、「じゃあ、ウクライナの子どもたちが殺されないようにする」とか、「病気の子どもたちをたくさん助けたい」などという、**自己犠牲の精神の答え**が出てくるはずです。

人生はいつもうまくいくわけではありませんし、「自分だけが得をしたり、安全だったらそれでいい」という生き方では、本当の意味での幸福は手に入りません。

そんなことにも気づかせてあげたいですね。

ポイント
89
ときには損をしてでも相手に与えることの意義、そのバランスなども、この機会に親子で話し合ってみましょう

「心が強い子」に
育つ質問
90

コミュニケーション力

100人の人から
「ありがとうございます！」と
感謝してもらった人が優勝する
ゲームに参加したら、
あなたはどうやって
感謝してもらう？

「え、じゃあ、ずっと電車に乗り続けて、他の人に席を譲り続ける！」「人が多いところにいて、老人の荷物をもってあげる」「飴をたくさんもっていって、子どもたちに配る」などといった、要領のいい答えが多そうです。

でも、ここで**「『本当にどうもありがとうございました！』という心からの感謝のセリフを引き出すこと」**という条件がついていたら、なかなか難しくなるかもしれませんね。

何しろ、深い感謝の気持ちを引き出すわけですから。

「老人養護施設とかに行って、ボランティアで心からお世話をするかなぁ」「人手がいくらあっても足りないところってどこかな？」「自分ができることって何かな？」など、**自分が感謝されたいからやるのではなく、相手にとって必要なことを提供する**という方向に行くといいなと思います。

さらには、**「心からの感謝を受け取ったときに、どんな気持ちなるだろうか？」**と考えをめぐらせることができるようになったら、これほど素晴らしいことはないでしょう。

ポイント 90

相手のために心から何かを与えられる人になったら、たとえ感謝されなくても、それ以上の大きなものが手に入ることを伝えましょう

「心が強い子」に
育つ質問
91

コミュニケーション力

あなたが今のクラスの担任の先生になったら、今よりもみんなが仲よくなるために何をする？

また、あなた以外だったら、誰に担任の先生になってほしい？

小さいお子さんならば、「もっと授業を減らして、みんなで遊ぶ時間をつくる！」などと、かわいらしいアイデアを出すかもしれません。悪くないアイデアですよね。

大きいお子さんならば、「はあ？　何でもっと仲よくしなくちゃいけないの？」などと冷めた質問をするかも。**「まあ、そこはさ、将来、部下をもったときだとか、リーダーになったときのトレーニングだと考えてみてよ」**などと言ってあげてください。

実際に、この質問にはそういう意図もあります。

「自分さえ平和ならば、周りのことはどうでもいい」という考え方では、大人になってからも周囲から敬遠されますし、ましてやリーダーにはなれません。

甘やかしてばかりでもダメでしょうし、厳しいばかりではもっとダメ。なかなか上に立つ立場、人を育てる立場になるというのは難しいものです。その意味でも、今のうちに**「どんな人ならばリーダーにふさわしいのか？」**を考えさせましょう。

「みんなで共通の頑張る目標とかつくったらどうかな？　そして、励まし合うのはどうかな？」などという、いいアイデアが出てくるかもしれません。

ポイント 91

自分のことだけではなく、グループ全体のことを考えるための質問です。みんなが前向きになれる方法を提案させましょう

「心が強い子」に
育つ質問
92

コミュニケーション力

あなたの家族を憎んでいる人が、
いつあなたの家族の命を奪うかわからないとして、
あなたは自分の命を犠牲にすれば、
自分の家族を助けることができます。
あなたなら、　どうする？

たいていのお子さんは、まずは「嫌だよ！　死にたくないよ」と思うはずです。「ムリー。命だけは犠牲にできない」と答えてくれたほうが、親としてはほっとするかもしれませんね。それに対して、親御さんのほとんどは、**「子どものためなら、もちろん命を差し出すよ」**と答えるのではないでしょうか？

まあ、このギャップは当たり前のことなのですが、**「大人になれば、自分の命よりも守りたい存在ができる」**のだということを少し考えさせたいと思います。

私の息子は子どものころ、「〇〇（飼っていた犬）がもし、いじめられていたら、自分が殺されても助ける」と言っていました。その息子は現在、獣医師になっています。仕事はきつそうですが、動物たちの命を助けるために生き生きと働いています。

こんなふうに、自分を犠牲にしてでも守りたい存在がいる人は強いなあと感じます。同様に、自分のために命をも差し出すくらいに愛してくれている人がいる人も、強いです。

この質問には、**「そんな絆の強さを少しでも感じてくれたらいいな」という意図**がこめられています。

ポイント 92

家族のために死ぬのが正解なのではありません。大切に思う存在、大切に思ってくれる存在がいることの価値に気づいてもらいましょう

「心が強い子」に
育つ質問
93

コミュニケーション力

これからずっと、日本語は忘れてしまうけれども、英語は完璧に理解できるようになるのと、日本語しか理解できないまま生きるのとでは、どちらを選ぶ？

ペラペーラ
ペラペーラ
English
ペラペーラ
ペラペーラ
…

おそらく多くの子は、「それは日本語に決まっているでしょう。日本人なんだから」と答えるでしょう。その場合は、**「たしかにね。でも、英語を理解できる人は世界中に多いけれど、日本語ができる人は、ほんの少ししかいないよ」**などと、世界基準で考えたとき、英語ができるということが、かなり有利だと教えてあげましょう。

「でも、家族や友だちとはどうやって話すの？　授業はどうなるの？」と問題点を突いてきたら、**「そうだよね……。どうしたらいいと思う？」**という具合に、英語だけで日本で暮らしていく方法を一緒に考えてみてください。

あるいは、**「日本で暮らすしか方法がないわけじゃないかもよ。英語ができるんだから、アメリカやイギリスで暮らせばいいんじゃない？」**などと思考を転換してみるのもいいでしょう。

英語しかできなくなったときのメリットとデメリット、日本語しかマスターできずに生きることのメリットとデメリットを比べてみる質問ということになりますね。

言葉を使ったコミュニケーションの大切さや有効性を考えてみましょう。

ポイント 93

言語というのは、コミュニケーションの大変重要なツールです。他者と理解し合うためにも、深く学ぶ必要があります

「心が強い子」に育つ質問

94

コミュニケーション力

あなたが男の子(女の子)になったら、どんな親友が欲しい?

お子さんにとっては、ちょっと複雑な質問です。

まず男子（女子）だったら、どんな子だろうかと考えるかと思います。

「ねえ、自分が男子（女子）になったら、何が好きになると思う？　モテると思う？」などと、具体的にイメージさせてあげましょう。

その後、理想の親友を思い浮かべるときには、おそらくクラスメイトや塾、部活などで知っている異性や好きなタレントさんなどを思い浮かべそうです。

理想の親友を答えたら、**「へえ。その親友とどんな話をするのかな？」「なぜその人を選んだの？」「じゃあ、親友にしたい人の条件って、どんなの？」**などと質問してみましょう。

あるいは、**「お父さんが女性だったら、石原さとみちゃんみたいな親友が欲しいなあ」「お母さんが男性だったら、吉沢亮くんみたいな親友がいいわあ」**などと言ってみるのも面白いですね。

その際、お子さんがちゃんと「そんな人が親友になってくれる人って、どんな人かな？」とツッコミを入れてくれれば、話はさらに盛り上がることでしょう。

ポイント 94

異性の立場を想像させたうえで、「素晴らしい親友をつくれる人は、どんな人だろうか？」と考えさせてみましょう

「心が強い子」に
育つ質問
95

コミュニケーション力

今から3年後のあなたが、
なぜだか周りの人に嫌われて
1人ぼっちになってしまっています。
いったい何が
あったのだと思う？

心が痛くなるような質問ですが、不安という感情は、正しく使えば、とても生産的な感情です。不安を感じることによって、未来への対策や問題解決の方法を考えることができれば、最悪の結末を避けられますからね。

この質問は、そんな思考癖をつけたり、**「人から嫌われているとしたら、どんな理由が考えられるか？」**、また、**「今からならば、それが避けられるのではないか？」**ということに気づいてもらうためのものです。

「パパは、加齢臭が強くなったのかも……。今から気をつけなきゃな」「ママは、PTA活動で役員になってしまって、みんなからうるさがられて、無視されているのかも。わあ、あんまり調子に乗らないように気をつけなきゃ」など、親が先に答えてやり、最悪の事態になったときの想定と、そうならないための方法を示してあげるといいでしょう。

「今だって嫌われてるし……」とお子さんが答えたら、あわてず冷静に、**「そう思っているんだ。でも、あなたはもともと、すごく優しくて誠実な子なんだから、嫌われない方法さえわかれば、絶対大丈夫だよ。一緒に考えよう」**と言ってあげてください。

ポイント 95

自分の嫌われそうな点を客観的に考えることで、それを変えることができますし、むしろ好かれる方法まで考えることができます

「心が強い子」に育つ質問

96

コミュニケーション力

あなたよりも3歳下の子が、「クラスですごく強い子がいて、その子から、『○○君を無視するように』と言われているんだ。でも、○○君は友だちだし……。かといって、無視しないと今度は自分がいじめられるし……。どうしたらいいかな？」と相談してきました。あなたは、何と答える？

これは、現実にたくさん起こっていることです。もしかすると、お子さんも経験があるかもしれません。無視しろと言われている立場なのか、それとも無視されている立場なのか、または、無視しろと命令している立場なのかは、わかりませんが。

この質問では、あえて第三者の立場から、それぞれの立場を考えさせます。

「『無視したらダメだよ！　友だちなんだから』って言う」と答えたら、**「そうだよね。でも、そうしたら、今度はその子が無視されるかもよ。それでもいいの？」**と踏み込んでみてください。「『それは無視するしかないじゃん。かわいそうだけどさ』って言う」などと答えたら、**「つらいところだよね。でも、すごく嫌な気持ちになるだろうね。それに友だちの〇〇君はどんな気持ちになるかな」**などと、お子さんの思いもくみながら、その子や友だちの気持ちに焦点をあてさせてみましょう。

「『先生に言え』と教えてあげる」と答えたら、**「でも、先生だって助けられるか、わからないし、あとでもっといじめられるかもよ」**などと、大人として現実的な予想を伝えてみてください。

ポイント 96

社会は理不尽なもの。その中で、自分も友だちも守れるような方法や立ち回り方を模索しながら生きられる力が必要です

「心が強い子」に
育つ質問

97

コミュニケーション力

今、あなたは1人で家にいます。
あと10分後に巨大な隕石が地球にぶつかり、
地球が滅亡するとニュースで報道されました。
電話がかなり混線するため、
各自1回しか電話で話せません。
あなたは、誰に電話をする?

人生の最後のときに、たった1人だけ、それも短い時間しか話せません。**まずは、誰に電話をかけるのか？　そして、何を言いたいのか？**

ズバリ、これだけを聞いている質問です。

「お母さんは、『お父さん！』と言いたいところだけど、〇〇（お子さんの名前）にすると思うわ。そして、『お母さんの子どもとして生まれてきてくれて、どうもありがとう』と言いたいわ」などと正直な気持ちを言ってください。

「私は……。最後だからアイドルの〇〇に電話するわ！」などとお子さんが答えたら、**「電話番号を知らないでしょ。それに〇〇さんは人気者だからつながらないし、そもそも知らない人から電話をもらって、〇〇さんはどう思うかしら？」**などと、相手の都合や気持ちも考えさせましょう。

「お母さんに電話する。『お母さん、ごめんね。お母さんが大事にしてたお皿、割っちゃったの、今まで言えなかったの』って謝る」などとカミングアウトがあるかもしれません。こればかりは、許してあげるしかないですよね（笑）。

ポイント
97

お子さんからの嬉しい言葉がもらえるかもしれませんね。そして、この機会に親からも本音で愛情を伝えましょう

「心が強い子」に育つ質問

98

コミュニケーション力

電車で座っていたら、目の前におばあさんが立ちました。あなたは「どうぞ」と言って立ち上がり、席を譲ろうとしましたが、おばあさんは「けっこうです」と断りました。

あなたなら、どうする？

どんな気持ちになる？

質問の意図と望ましい対応

せっかく席を譲ろうと立ち上がったのに、断られてしまうと、大人でも何とも言えない気持ちになりますよね。

子どもならば、なおさらです。

「えー？　そんなことがあるなら、席を譲らないよ」「はじめから座らないようにする」という答えもありそうですね。

そんなときは、**「お父さんは実際にこういうことがあったよ。せっかく立ち上がったのに、何だか周りに恥ずかしくて、その場に立ったままでいたなあ」**などと、電車に乗った際のご自身の経験を話してあげてください。

「『どうして座らないんですか？』って聞いてみる」と言う子もいるかもしれません。

こうきたら、**「なるほど。じゃあ、『私はお年寄りじゃありませんから！』って言われたら、どう答える？」**などと、起こり得そうな事態をさらに提示してみましょう。

「気にせず、また座る」と答えたら、**「そうだよね。どうしたらみんな、そんなふうに考えられるかな？　お母さんにも教えて」**と教えを請うてみてください。

ポイント 98

思いやりの心は大切ですが、ときにはこちらの優しさを受け取ってもらえないことがあることを理解させるための質問です

「心が強い子」に
育つ質問
99

コミュニケーション力

お父さん（お母さん）があと半年しか生きられないとしたら、何をしてあげたい？

なかなか本人を目の前にしては答えにくい質問かと思います。

そういう場合には、その場にいないほうの親や祖父母など、対象を代えてください。

「お母さんなら、まずおばあちゃんが前から行きたがっていた、京都に連れていってあげて、うちに連れてきて、一緒に暮らす」「お父さんは、もうおばあちゃんが死んでしまったから、何もしてやれないなあ」など、まずは親の本音を語ってあげましょう。

「私は……。お父さんに『私たちのために一生懸命働いてくれて、どうもありがとう』って言っておきたい」などと、素直な気持ちを語ってくれるといいなと思います。

子どもにとってはヘビーな質問ですが、たいていの場合は親が先に亡くなります。

親だけではなく、大切な存在とは、いつか必ずお別れのときがやってきます。

夫婦であっても、どちらかが先に逝くわけですからね。

しかし、日常でそんなことを意識することはありません。

当たり前のように過ごした平凡な、記憶にも残らない1日が、後から考えると、本当に宝物のような時間であったということは、大切な存在を失ってから気づくものなのです。

ポイント 99

あえて永遠のお別れを意識させることによって、家族や友人と過ごす時間の大切さに気づかせましょう

「心が強い子」に
育つ質問
100

コミュニケーション力

40歳になった未来のあなたは、たくさんの人たちから愛され、感謝され、とても尊敬されています。いったい未来のあなたは、何をしたと思う？

これは、**子どもの潜在意識に、愛され、感謝され、尊敬される大人になり、幸せな人生を送るための種をまく質問**です。

どんなに高い社会的ステータスを手に入れて、お金を稼げるようになっても、周りから嫌われ、軽蔑されていたのでは、人生の成功者とは言えないでしょう。自分や自分の家族だけ豊かで、幸せであればいいというような生き方は、長い目で見ると空虚です。できれば、**この世に生まれてきた意味を感じられるような人生**を歩んでもらいたいものです。

「お金持ちになって、恵まれない子どもとか動物たちのために寄付とかしたんじゃないかな?」「きっと、みんなが嫌がるような仕事を引き受けたり、部下に出世するチャンスをたくさんあげたりしているんだよ」「世の中のためになるような発明をしたのかも」など、何でもいいのです。

できるだけ多くの「○○かも」を考えさせましょう。

聖人君子のように生きる必要はありませんが、人との関係性を大切にすることや、人に与える喜びを感じられる心を育めるといいですね。

ポイント 100

自分のためだけではなく、自分以外の人のために与えられる人になるように導きましょう

おわりに

何気ない質問が、子どもの未来を大きく拓く――

最後までお読みいただきまして、誠にありがとうございます。

数年前になりますが、拙著『それは、〝愛着障害〟のせいかもしれません。』を刊行した際、

「これで本を書くことはもうないだろう」

と感じていたことを思い出します。

だから、本を書くことに対して、あまり執着もありませんでした。

しかし、私の心療内科クリニックの患者さまたちや受講生たちから、

「『思春期の男の子が親に求めていること』を読んで、親子関係が劇的に変わりました」

「『女の子の育て方』を読んで、自分自身の生き方を振り返ることができました」

などと、たくさんのありがたいお言葉をいただき、

「こんな私の未熟な文章でも、どなたかのお役に立てるのならば、心理セラピスト冥利に尽きる」

と、再びペンを執らせていただきました（上記書籍は、いずれも大和出版）。

心療内科クリニックという医療の現場であらためて感じるのは、**「心と身体は間違いなくつながっていて、心だけが健康でも、身体だけが健康でも、いずれはどちらかに影響を及ぼし、悪い方向に行きやすい」**という事実です。

とくに心が病んでいる、もしくは子ども時代の不健全な親子関係ゆえに、大人になってからも心や身体、人間関係に支障きたす**「愛着障害」**は、人生全体を蝕《むしば》むものであると痛感せざるを得ません。

私は独自に開発した**「愛着再形成療法」**という心理療法を用いて、たくさんの方の人生を変えてきました。

しかし、そのほとんどは大人が対象です。

「もしも、もっと子ども時代に関われていれば……」

と、何百回も思いました。

「せめて、お子さんが人生という大海原に出航していくときに、最も大切なアイテムである『強い心』を育んでほしい」

本書は、私のそんな思いから生まれたものです。

思えば、私自身も、娘と息子がまだ小さいころ、

「大きくなったら、どんな仕事をしてご飯を食べていくの？」

という質問を何回もしていました。

その答えは、その時々の子どもの興味で変わっていきました。

しかし、あるときから「お医者さんになる」という娘の答えや、「獣医さんになる」という息子の答えは、いっさい変わらず、実際に医師と獣医師になりました。

ただの質問が、子どもたちの心に何かしらの刺激になったのは間違いありません。

さあ、次はお父さん、お母さん、あなたの番です！

ぜひ、あなたのお子さんを「心が強い子」に育ててください。

本書が、その一助となれば、著者としてそれ以上の喜びはありません。

最後に、大和出版編集者の竹下さんへ。

今回の本でも大変お世話になり、感謝しかありません。

ともに不器用な親同士、親人生を全うしましょう。

ＮＰＯ法人　日本心理コミュニケーション協会　代表　中野日出美

自信がない・考えるのが苦手・傷つきやすい
「心《こころ》が強《つよ》い子《こ》」に育《そだ》つ100の質問《しつもん》

2023年 9月 30日　初版発行

著　者……中野日出美《なかのひでみ》
発行者……塚田太郎
発行所……株式会社大和出版
東京都文京区音羽1-26-11　〒112-0013
電話　営業部03-5978-8121／編集部03-5978-8131
http://www.daiwashuppan.com
印刷所……信毎書籍印刷株式会社
製本所……株式会社積信堂

ISBN978-4-8047-6418-4